心理健康与职业生涯活动案例集

金　怡　郭顺清　主编

中国质量标准出版传媒有限公司
中　国　标　准　出　版　社

北　京

图书在版编目（CIP）数据

心理健康和职业生涯活动案例集 / 金怡，郭顺清主编 . -- 北京：中国质量标准出版传媒有限公司，2021.7

ISBN 978-7-5026-4829-9

Ⅰ . ①心… Ⅱ . ①金… ②郭… Ⅲ . ①心理健康—健康教育—教案（教育）—中等专业学校 ②职业选择—教案（教育）—中等专业学校 Ⅳ . ① G444 ② G717.38

中国版本图书馆 CIP 数据核字（2020）第 202867 号

中国质量标准出版传媒有限公司
中 国 标 准 出 版 社 出版发行

北京市朝阳区和平里西街甲 2 号（100029）

北京市西城区三里河北街 16 号（100045）

网址：www.spc.net.cn

总编室：（010）68533533 发行中心：（010）51780238

读者服务部：（010）68523946

中国标准出版社秦皇岛印刷厂印刷

各地新华书店经销

*

开本 787×1092 1/16 印张 14.75 字数 262 千字

2021 年 7 月第 1 版 2021 年 7 月第 1 次印刷

*

定价：48.00 元

编　委　会

主　　编：金　怡　郭顺清

编写人员：秦　红　高　荣　杨晓清
朱赛荣　张晓红　彭国劼
强丽君　施春健　龙　洋
李　娜

前言

党的十八大以来，以习近平同志为核心的党中央高度重视教育工作，将思想政治工作视为学校各项工作的生命线，要求把立德树人理念融入思想道德教育、文化知识教育、社会实践教育的各环节。随着我国迈入中国特色社会主义新时代，教育工作更加关注个体自主化、个体社会化，在促进学生寻求个体价值的同时，推进社会不断发展。为贯彻落实党的十八大作出的战略部署，加快推进教育现代化，建设教育强国，针对中职学生身心发展变化较大、初次接触中职专业易产生焦虑迷茫等心理特点，如何培养学生良好的心态，拥有积极的就业观，具备规划未来职业生涯的意识与能力就显得尤为重要。本书以此为基础，紧密贴合教育部2020年制定的中等职业学校《思想政治课程标准》，根据中职专业人才的培养目标和要求，将心理健康与职业生涯相结合，前者强调个体自主性，突出培养学生分析问题、解决问题的能力，是自我成长成才的关键基础；后者强调个体社会化，是职业目标的实现过程，注重增强学生对中国特色社会主义的政治认同，培育学生的职业认同感与职业精神，强化法治意识和提升法治思维，形成健全人格。二者共同构成个体自我幸福谋求与社会价值实现的统一，在注重学科核心素养融入渗透的同时，力求贴近实际、贴近生活、贴近学生，切实普及心理健康与职业生涯知识，提升学生关注心理健康、自主规划职业生涯的意识与能力。

本书根据“时代导航　生涯筑梦”“认识自我　健康成长”“立足专业　谋划发展”“和谐交往　快乐生活”“学会学习　终身受益”“规划生涯　放飞理想”不同教学要求进行内容设计，分为“社会我”“个体我”“职业我”“人际我”“现实我”“理想我”6个板块、18个议题，共计36个课时。本书内容强调应用实践，充分体现真实的职业情景，每个议题以核心素养目标为引领，导入真实案例，通过案例透视解读课程知识内容；结合主题活动，引导学生学以致用，树立心理健康意识，掌握心理调适和职业生涯规划的方法，达到内化课程目标要求；加入拓展阅读，丰富和延伸背景知识，启发自我思考，做到教、学、评的有机衔接。各个议题的设计，一案到底，情节嵌套，层层深入，与岗位接轨，知识讲授与生活实践、过程体验紧密结合，活动趣味性十足，强调学生手脑并用参与，有效地保证了教学效果，实现了学生毕业时能达到随时上岗的目标。

本书在编写过程中参考了大量的案例资料，并广泛听取了相关专家、教师对新课标的解读与实施意见，在此向所有给予帮助的专家、教师表示诚挚的感谢。由于《心理健康与职业生涯》课程作为新一轮思想政治课程改革的一门课程，尚处于课程推进阶段，同时编者水平和时间有限，书中难免还有不足和纰漏之处，恳请读者不吝赐教。

编　者

2021 年 5 月

目 录

第一部分 时代导航 生涯筑梦 …… 1

第一议题 “中国制造 2025”为我们的职业发展提供了怎样的舞台? …… 3

　第一节 “中国制造 2025” …… 3

　第二节 职业理想促发展 …… 8

第二议题 为什么“新生活从确定目标开始”? …… 13

　第一节 全面分析确定目标 …… 13

　第二节 生涯规划助成长 …… 18

第二部分 认识自我 健康成长 …… 23

第三议题 为什么“人人都可成为社会有用人才”? …… 25

　第一节 认识自己的多维度 …… 25

　第二节 自信激发赢未来 …… 33

第四议题 为什么说“艰难困苦,玉汝于成”? …… 40

　第一节 人生挫折自难免 …… 40

　第二节 超越挫折长智慧 …… 47

第五议题 你有哪些青春期成长的烦恼? …… 55

　第一节 悦纳青春多变化 …… 55

　第二节 青春烦恼变无忧 …… 59

第六议题 如何做情绪的主人? …… 65

　第一节 悦纳情绪“暴风雨” …… 65

　第二节 情绪主人巧担当 …… 69

第三部分 立足专业 谋划发展 …… 73

第七议题 我的专业对社会有什么作用? …… 75

　第一节 了解专业明起点 …… 75

　第二节 找准定位提素养 …… 82

第八议题 大国工匠是如何练成的? …… 89

第一节　工匠精神伴我行 …… 89
第二节　实践体验育匠心 …… 94

第四部分　和谐交往　快乐生活 …… 101

第九议题　如何对待长辈的唠叨？ …… 103
第一节　絮絮叨叨总关情 …… 103
第二节　滴水藏海怀感恩 …… 108
第十议题　如何正确处理师生、师徒关系？ …… 113
第一节　师生、师徒化冲突 …… 113
第二节　师生、师徒相伴行 …… 118
第十一议题　如何让友情地久天长？ …… 124
第一节　同伴交往和谐相处 …… 124
第二节　团结合作力量大 …… 129
第十二议题　如何筑起心灵的“防火墙”？ …… 136
第一节　抵制诱惑促成长 …… 136
第二节　筑造心灵防火墙 …… 141

第五部分　学会学习　终身受益 …… 147

第十三议题　我们为什么要学习？ …… 149
第一节　学习伴成长 …… 149
第二节　激发学习动机和兴趣 …… 154
第十四议题　我们如何学习？ …… 161
第一节　学习能力训练 …… 161
第二节　掌握学习方法和策略 …… 166
第十五议题　为什么要“活到老，学到老”？ …… 173
第一节　学习的新要求 …… 173
第二节　信息时代的终身学习 …… 178

第六部分　规划生涯　放飞理想 …… 185

第十六议题　“水滴石穿”给我们怎样的启示？ …… 187
第一节　培养自信乐观的心态 …… 187
第二节　找到职业成功的奥秘 …… 192
第十七议题　怎样通过评价促进职业生涯发展？ …… 199
第一节　画出职业发展的坐标 …… 199
第二节　学会职业评价的方法 …… 205
第十八议题　为什么职业生涯规划要“与时俱进”？ …… 211
第一节　做好职业发展的 Plan B …… 211
第二节　探寻人生出彩的机会 …… 216

参考文献 …… 223

第一部分

时代导航　生涯筑梦

【卷首语】

“职业教育与普通教育是两种不同教育类型，具有同等重要的地位”。其中，职业教育是为制造业等实体经济培养输送技术、技能人才的主渠道和主阵地。新时代，切实培育中职学生的政治认同，引导其坚定中国特色社会主义道路自信、理论自信、制度自信、文化自信，有助于帮助他们树立正确的世界观、人生观和价值观，立志为中国特色社会主义事业而奋斗。“三百六十行，行行出状元”，培育中职学生的健全人格，培养科学精神，提高辩证思维能力，能够引导其根据社会发展需要和自身特点，进行职业生涯规划，确立符合社会需要和自身实际的积极生活目标，坚定通过职业发展实现人生目标的信心。

为了我的职业，我的梦想，
我呼啸起航，我俯瞰千川，
我心中快乐，我不再踌躇，
让梦想化彩蝶翩然起舞。
我要飞到那蓝天更深处，
我要飞到那大地更远处，
我要飞到那梦想更美处，
携青春畅游世界的美景，
择取一业只为终我一生！
守着一业只为寻找生命的意义。
鞠躬而尽瘁，竭力忠于业。
甘为孺子牛，匠心铸人生。

第一议题 “中国制造 2025”为我们的职业发展提供了怎样的舞台？

第一节 “中国制造 2025”

天行健，君子以自强不息。

——习近平

【目标引领】

核心素养：

◎ 政治认同：领会中国特色社会主义理论体系，特别是习近平新时代中国特色社会主义思想；坚定中国特色社会主义道路自信、理论自信、制度自信、文化自信。

◎ 职业精神：能够正确认识和处理社会发展与个人成长的关系，并作出正确价值判断和行为选择；树立崇尚劳动、尊重劳动的意识，弘扬劳动精神。

三维目标：

◎ 认知：了解“中国制造 2025”，理解劳模精神和工匠精神及其与个人职业发展的关系。

◎ 情感态度观念：领悟实现“两个一百年”的奋斗目标迫切需要知识型、技能型、创新型劳动者。

◎ 运用：根据社会发展需要和自身特点进行职业生涯规划，树立个人职业理想。

一、案例探索

2019 年是中华人民共和国成立 70 周年的重要时刻，我国国内生产总值接近 100 万亿元人民币，人均收入迈上 1 万美元的台阶。在 2020 年的新年贺词中，国家主席习近平讲到：“京津冀协同发展、长江经济带发展、粤港澳大湾区建设、长三角一体化发展按下快进键，黄河流域生态保护和高质量发展成为国家战略。全国将有 340 个左右贫困县摘帽、1000 多万人实现脱贫。嫦娥四号在人类历史上第一次登陆月球背面，长征五号遥三运载火箭成功发射，雪龙2号首航南极，北斗导航全球组网进入冲刺期，5G商用加速推出，北京大兴国际机场‘凤凰展翅’……这些成就凝结着新时代奋斗者的心血和汗水，彰显了不同凡响的中国风采、中国力量。”自古至今，祖国发展与个人前途是息息相关、紧密相连的。思考“个人”与“国家”的关系，是每一位同学都应该去面对的问题。

中专机电专业二年级的学生小王在交给班主任老师的周记中写道：“作为一名中国人，我由衷地感到自豪与骄傲，生活在21世纪的中国，看着祖国强大了，人民真的太幸福了！但作为一名中职生，我又能为祖国做些什么呢？我学的并不是高、精、尖的专业，以后工作很可能是天天跟机器打交道，这样日复一日地操作机器，我可以出人头地吗？真希望我能为祖国的日益强盛作出一份贡献！”

七嘴八舌

1. 看了小王同学提出的问题，你有什么看法？是否也有类似的困惑呢？

2. 作为一名中职生，思考“个人”与“国家”的关系，将来能够为国家做些什么？请你说说看，并为小王提供合理的建议。

案例透视

19世纪中叶以来，中华民族无数仁人志士满怀实业兴国梦想，探寻工业强国之路。中华人民共和国成立70多年，中国制造起步于一穷二白。经过70年的发展慢慢地建立起门类齐全的现代工业体系。现今我国的工业规模已跃居世界第一，支撑我国实现了从贫穷落后的农业国到先进现代的工业国的转型，逐步发展成为具有全球影响力和世界话语权的经济大国。制造业作为人类社会创造物质财富的主要方式，既是我国国民经济的支柱产业，又是工业化和现代化的主导力量，也是国家安全和人民幸福的物质保障，更是衡量一个国家或地区综合经济实力和国际竞争力的重要标志。2015年，国务院印发了《中国制造2025》，充分肯定了“制造业是国民经济的主体，是立国之本、兴国之器、强国之基”。实施制造强国战略，力争到中华人民共和国成立100年时，把我国建设成为引领世界制造业发展的制造强国。

国家是由个人组成的，国家的发展也要依靠个人的发展，实现制造强国的发展目标，离不开一代代优秀的制造业职业人的辛勤付出。小王同学就读的机电专业就是制造业的强根所在，数控、机械、电气、模具等领域正是生产制造的基础。在国家战略指导下，在未来制造业技术人才不仅会成为就业市场的“香饽饽”，更会是国家发展中不可或缺的一部分力量。因此，小王应该要充分理解“中国制造 2025”战略地位，正确认识到“个人”与“国家”紧密相连的关系，要对自身的专业保持信心，努力提升自我技术、技能，弘扬创新精神和工匠精神。

二、知识延伸

◎ 正确认识国家发展与个人发展之间是互相促进、互相制约的。每个人的前进发展都推动着整个国家的前进发展，国家的发展也会为个人提供更广阔的平台，使个人能够发展得更好。

◎ 树立崇尚劳动、尊重劳动的意识，坚定通过职业发展实现人生目标的信心。

◎ 面对专业学习，要做到沉得住气、耐得住心，大胆思考，认真钻研，培养工匠精神和创新精神。

三、心动行动

（一）活动一：时政知多少

1. 活动目的

通过阅读《中国制造 2025》原文，增进对“中国制造”的认识与理解，进一步思考其对个人发展的启发。

2. 活动内容

请各位同学在课前扫描下方二维码，阅读《中国制造 2025》原文。找出关键信息以及自己感兴趣的内容，完成表 1–1，并进行分组交流。

表 1–1 《中国制造　2025》知识卡

《中国制造　2025》知识卡		对我的启发
基本方针		
基本原则		
战略目标		
战略任务和重点		

活动小提示：

在讨论过程中，老师注意引导学生思考个人发展与国家发展的关系，并鼓励学生分享其对未来职业生涯的畅想和期盼。

3. 你说我说

每小组请出一位同学代表，结合所学专业，进行分享。

4. 知识驿站

《中国制造 2025》是我国实施制造强国战略第一个十年的行动纲领，其基本方针包括：创新驱动、质量为先、绿色发展、结构优化和人才为本；基本原则包括：市场主导、政府引导，立足当前、着眼长远，整体推进、重点突破，自主发展、开放合作；战略目标是：立足国情、立足现实，力争通过“三步走”实现制造强国的战略目标；战略任务和重点主要包括：提高国家制造业创新能力，推进信息化与工业化深度融合，强化工业基础能力，加强质量品牌建设，全面推行绿色制造，大力推动重点领域突破发展，深入推进制造业结构调整，积极发展服务型制造和生产性服务业，提高制造业国际化发展水平。

（二）活动二：我与“两个一百年”

1. 活动目的

联系“两个一百年”奋斗目标，思考个人发展目标。

2. 活动内容

请根据我国“两个一百年”的发展时间表，对照写出“我”在每一个时间节点上可以做些什么，将答案填在表 1–2 里。

表 1–2　我的奋斗目标

时间节点	国家发展目标任务	我的年龄	我想要实现或已实现的目标
2035 年	基本实现社会主义现代化		
2049 年	建成富强民主文明和谐美丽的社会主义现代化强国		

活动小提示：

结合“两个一百年”奋斗目标以及制造强国的发展战略，学生需要思考如何将个人发展与国家发展结合在一起，有助于明晰自身职业发展目标和发展道路。

四、拓展阅读

航天科技“神舟”团队：探索太空　逐梦航天

“神舟”团队作为负责我国所有载人航天器研制设计工作的主力军，是我国创新发展载人航天的“国家队”。工程立项伊始，他们就牢固树立“国家利益至上”的使命感和责任感，以载人航天技术创新和跨越践行科技强国理念。

20世纪90年代初，为了尽快发射我国第一艘神舟飞船，“神舟”团队采取并行工程方法，同时研制四艘初样船，分别考核飞船的力学、机械、热和电性能。从那时起，团队几乎每个周六都召开一次综合调度会，一起研究解决问题。仅1998年就开会42次，解决了2000多个问题。经过无数次的试验验证，神舟一号试验飞船在1999年11月20日凌晨6时30分直上云霄。

2003年，神舟五号飞船已经运抵发射场，但航天员所用的座椅缓冲器还存在一些技术问题。上级决定用新型缓冲器替代原有型号。这是一个把安全留给航天员、把风险留给科研人员的方案。“神舟”团队临危受命，临时组织突击队集中攻关。从方案到生产，从部件测试到整舱试验，仅用两个月就研制出安全可靠、性能稳定的座椅缓冲器，并在发射前安装到位。

2016年，为全面验证天宫二号补加系统的功能和性能，验证飞行器间的补加流程并获取关键数据，“神舟”团队组织搭建了系统间补加综合试验平台来模拟真实太空环境。为了吃透每一个细节，团队设计了极其详尽的方案，确保每个工况都能准确模拟太空环境，经过20多天的奋战，试验顺利完成，获取了极其宝贵的数据，团队也用自己的创新破解了在轨补加的关键技术难题。

每一份成就、每一次突破，都体现了“神舟”团队对初心的坚守和对事业的执着。很多人没有时间陪伴父母妻儿，而是舍小家、顾大家，为载人航天梦想砥砺前行。太空探索永无止境，航天梦圆任重道远。为了建好中国的空间站，让中国人探索太空的脚步迈得更坚实，“神舟”团队将不断奋力前行。

【阅读思考】

“神州”团队书写了中国探索太空、筑梦航天的辉煌。辉煌的背后，离不开每一位航天人的心血和汗水，小到螺丝钉，大到火箭外壳，使用到的锻压、冶炼、冲压等技术，如果“差之毫厘”，则会“谬以千里”。尤其是改革开放以来，我国制造业持续快速发展，建成了门类齐全、独立完整的产业体系，有力地推动了工业化和现代化进程，显著增强综合国力、支撑我国世界大国地位。作为职业人，只有掌握尖端的技术才可能成长为工匠，同时，拥有对高超技能的不懈追求和踏实刻苦品格的人，才能是具有工匠精神的人!

第二节　职业理想促发展

理想是指路明灯。没有理想，就没有坚定的方向。

——列夫·托尔斯泰

【目标引领】

核心素养：

◎ 政治认同：爱国主义是民族精神的核心，是中华民族团结奋斗、自强不息的精神纽带。

◎ 职业精神：具有正确职业理想、科学职业观念，做出正确价值判断和行为选择，在社会实践中增长才干。

三维目标：

◎ 认知：理解职业理想对人生发展的重要作用。

◎ 情感态度观念：树立正确的职业观、成才观，坚定专业学习的信心。

◎ 运用：能联系“两个一百年”奋斗目标、立足所学专业，确立个人职业理想。

一、案例探索

小王的困惑

在批阅学生周记时，班主任郭老师看到了小王的困惑，因此，他决定以此为契机组织一次关于职业理想的主题班会，引导同学们思考“个人”与“国家”的关系，郭老师要求同学们围绕“我和我的祖国”主题，查阅资料、访问调查，增加对职业理想的了解，并在此基础上，明确个人的职业理想，思考实现个人的职业理想的途径和方法。同时，郭老师找到小王同学，鼓励他试着用“职业理想”来解答心中的疑惑，希望他在主题班会上发言。接下来，我们和小王同学一起来完成郭老师布置的任务吧。

七嘴八舌

什么是职业理想？与职业理想不同，每个人还有生活理想、学业理想。同学们，你有自己的职业理想吗？你认为，个人应该如何确立职业理想呢？

案例透视

职业是多样的。一个人的职业选择与他的思想品德、知识结构、能力水平、兴趣爱好都有很大的关系。职业理想是人们对职业活动和职业成就的超前反应，源于现实，又高于现实，是个人对未来职业的向往和追求，是人在职业活动中追求工作、事业发展的动力来源。人们用坚忍不拔的毅力、顽强拼搏的精神和开拓创新的勇气去行动、努力与奋斗。职业学校的学生，树立正确的职业理想，才能展望未来、珍惜现在，才能主动地、有目的地提升自己要从小立志，树立崇高的人生目标，将个人命运与国家命运联系在一起，为人民、为国家做出贡献，这样的人生才更有意义。

二、知识延伸

1. 职业理想是个人对未来所从事的职业的向往和追求，并能反作用于现实，指引脚下的职业道路，是职业生涯发展的动力。

2. 个人与国家是密不可分的，树立正确的职业理想，不能好高骛远，应结合外部环境与自身内部需求，作出合适的选择。

3. 树立正确的职业理想的 3 个要点：充分认识自己，发现并培养兴趣，明确自己的职业定位。

三、心动行动

活动：他们的职业理想

1. 活动目的

通过完成本活动，了解采访对象的职业理想及实现途径，进一步启发自己对职业理想的探索与思考。

2. 活动内容

以人物访问或资料搜集的形式，分组完成表 1–3。

（1）请以小组为单位，了解一位成功人士的职业理想以及他 / 她是如何实现职业理想的事迹，完成表 1–3，并与小组同学分享交流。

表 1–3　成功人士的职业理想及实现途径

对象姓名	
所从事的职业或职业理想	
如何实现或计划如何实现	
个人感悟	

（2）请每位同学电话或者视频连线一位长辈，了解他 / 她是如何实现自己的职业理想的，完成以表 1–4，并与小组同学分享交流。

表 1–4　身边长辈的职业理想与实现途径

采访对象	
所从事的职业或职业理想	
如何实现	
个人感悟	

活动小提示：

本活动可以分组、分类开展活动。搜集成功人士组的同学可以通过网络搜集、整理信息；采访长辈组的同学，可以提前完成录制音频，并在课上展示，重点要关注“他 / 她的职业理想是什么？如何实现的？”。

3. 你说我说

在资料搜集或个人采访的过程，你受到了什么启发？可以从树立什么职业理想，或怎样树立职业理想，或树立职业理想后的实现途径等多方面进行分享。

4. 学以致用

制造业是国之利器，技术型人才如何找准人生方向和职业理想呢？关键在于——个人发展方向要和国家民族发展方向相吻合，将个人发展融入国家发展战略的大主流、大舞台，在真正走向民族复兴之路过程中，实现自我与国家共同发展。

请同学们根据所学专业的技术技能特征，结合“两个一百年”奋斗目标，在表

1–5 中写下自己的职业理想以及实现理想的初步规划。

表 1–5　自我的职业理想与实现途径

职业理想	如何实现

四、拓展阅读

中国工程院院士陈薇——争分夺秒，让疫苗捍卫生命

“最艰难的成功，不是超越别人，而是超越自己。”从抗击非典，到援非抗埃，再到武汉抗疫，在生物安全领域这个没有硝烟的战场上，全国政协委员、中国工程院院士、军事科学院军事医学研究院研究员陈薇一直在努力超越自己。2020 年 1 月 26 日，陈薇受命率军事医学专家组紧急赶赴武汉，率领团队围绕新型冠状病毒的病原传播变异、快速检测技术、疫苗抗体研制等，与军队所在地方有关单位迅速建立起联防、联控、联治、联研工作机制。

核酸检测是有效防控新冠肺炎疫情的关键技术支撑。抵达武汉后，陈薇带领专家组仅用一天即完成帐篷式移动检测实验室和检测平台搭建工作，应用自主研发的检测试剂盒，配合核酸全自动提取技术，迅速形成日检 1000 人份的核酸检测能力。

为加快推进科研与临床有效融合，陈薇率领科研人员在病原学、免疫学、空气动力学等领域展开研究，快速建立“核酸检测—抗体筛查—多重病原检测”的鉴定链条，精准诊断临床患者感染类型，率先在火神山医院等 3 家医院推广应用，有效地提高了临床诊断准确率和治愈率。

疫苗，是终结新冠肺炎最有力的科技武器。在武汉，陈薇率领团队与后方科研基地联合作战，集中力量展开应急科研攻关，争分夺秒开展腺病毒载体重组新冠病毒疫苗的研究。

这是一个个值得铭记的闪光时刻：

3 月 16 日，陈薇带领科研团队研制的新冠病毒疫苗，成为国内第一个获批正式进入临床试验的疫苗。

4 月 10 日，完成疫苗一期临床试验接种的 108 位志愿者，全部结束集中医学观察，

健康状况良好。

4 月 12 日，该疫苗开展二期临床试验，成为当时全球唯一进入二期临床试验的新冠病毒疫苗。

谈及疫苗研发，陈薇说：“拥有自主知识产权的疫苗成功进入临床试验，是我国科技进步的体现，也是大国形象、大国担当的体现，更是对人类的贡献。”建设国家生物安全科学与产业创新中心，是陈薇的梦想。作为一名政协委员，她一直在为此积极建言、大声呼吁。“已知有手段，未知有能力。”这是陈薇常挂在嘴边的一句话。面对已知和未知，她带领团队时刻枕戈待旦，不断超越自己……

【阅读思考】

一个人的职业选择，如果能与国家重大需求相结合，个人价值就会成倍放大。陈薇院士，作为一名军人，她闻令而动、敢打敢拼；作为一名党员，她关键时刻冲得上去，危难关头豁得出来，发挥了党员的先锋模范作用；作为一名院士，她领衔研发全球第一个进入二期临床试验的新冠病毒疫苗，彰显了我国的科技实力，用实际行动谱写了绚丽的奋斗篇章。理想是风帆，助人扬帆远航。在抗击新冠疫情的战斗中，陈薇院士用自己的实际行动，书写了理想信念的时代光辉。可以发现，技术型人才除了要掌握着很好的一些专业技能，还要有扎实的知识基础和理性的思辨能力，特别是要有坚定的理想信念，以及为事业拼搏的激情和为民族奋斗的精神。

第二议题　为什么“新生活从确定目标开始”？

第一节　全面分析确定目标

路漫漫其修远兮，吾将上下而求索。

——屈原

【目标引领】

核心素养：

◎ 政治认同：培育中职学生的政治认同，坚持实事求是、与时俱进、求真务实，形成正确的世界观、人生观和价值观。

◎ 职业精神：树立正确的职业理想和职业观念，根据社会发展需要和自身特点进行职业生涯规划。

◎ 健全人格：正确认识自我，确立符合社会需要和自身实际的积极生活目标。

三维目标：

◎ 认知：了解目标的意义及其分类，理解职业生涯规划的重要性。

◎ 情感态度观念：明确有目标才能勇往直前，认识到目标的确立是职业生涯规划的重要环节。

◎ 运用：结合自身实际，设定个人发展的长远目标。

一、案例探索

目标该如何制定呢？

目标的确立，是职业生涯发展的重要环节。目标是大海中航行的方向，但是确立合适的个人目标并非易事。小王同学在制定个人职业目标时就遇到了困难。在上一节课中，小王同学通过访谈长辈和搜集网络信息，结合所学专业，他明确了大致的方向：作为机电专业的学生，他既可以纵向深耕，走专业发展之路，也可以横向拓展，拓宽就业面。他认为，一个有追求的青年应励志成为专业领域的佼佼者，成为“大国工匠”。当他确定目标后，想要制定长远计划时却发现，“大国工匠”从何谈起，这似乎太不切实际了！这样的目标我能够实现吗？此时，王同学的内心充满疑惑，等同学们制定好职业生涯规划后，个人直接参照着做成自己的规划，这样也省去不少功夫。郭老师了解了小王同学的困惑，首先指出直接参考其他同学的生涯规划与目标设定是不可行的，“他人的生活与你各有不同，个人还是要从自身实际情况出发，制定属于自己的规划与目标。”同时，她建议小王从职业生涯规划、目标的确立等角度去思考，要立足自身，作出合理的规划。

七嘴八舌

1. 随外部环境的变化目标会有所改变，那为什么还需要设立目标呢?
2. 什么样的目标才是合理的目标?
3. 参考他人的目标或规划，可以成就更好的自己吗?

案例透视

职业生涯规划，是个人对自己职业发展道路的设想和谋划，也是对个人职业前途的展望，它包括选择什么职业，以及在什么地区和什么单位从事这种职业。每个人的职业生涯是个人与他人、个人与环境、个人与社会互动的结果，具有其独特性。每个人的学识、能力、素质等各不相同，所以，每个人的职业规划也有差异。案例中，小王同学打算直接参考其他同学的职业生涯规划，他忽略了个体之间的差异性，复制了他人的发展规划，并不能让小王过上他人的人生。即使从事相同职业、具有相同发展轨迹的人，由于个人条件、所处环境、理想以及付出的努力不同，也有着独特的历程。

制定个人的职业生涯规划，代表了为自己确定人生目标，这是一个人生涯发展的起点，如何走向终点，那是由每一个阶段目标构成的。小王首先应对自我有正确认识，并根据国家发展需要和自身特点进行职业生涯规划，在规划方向的基础上划分出长远目标和阶段目标，而整个过程要做到实事求是、求真务实。

二、知识延伸

目标设定的SMART原则（S=Specific、M=Measurable、A=Attainable、R=Relevant、T=Time-bound）:

具体的（Specific），就是要用具体的语言清楚地说明要达成的行为标准；

可衡量的（Measurable），就是指目标应该是明确的，而不是模糊的；

可实现的（Attainable），就是目标是要能够被执行人所接受的；

相关性的（Relevant），是指实现此目标与其他目标的关联情况；

有时限性的（Time-bound），是指目标是有时间限制的。

三、心动行动

（一）活动一：拍拍手

1. 活动目的

增强对目标设定 SMART 原则的理解。

2. 活动内容

组织学生分组参与拍拍手游戏，两人为一组，一名学生负责计时，另一名学生负责拍手和记数，请按照表 2-1 的步骤开展活动并记录。

表 2-1　“拍拍手”游戏记录表

游戏环节	预估 15 秒拍手次数	15 秒实际拍手次数
第一轮游戏		
第二轮游戏		
第三轮游戏		

活动小提示：

游戏过程中，同学们可根据每轮游戏的完成情况及时修订目标——“预估拍手次数”。

3. 你说我说

从如何设立目标的角度，你得到了哪些启示？

4. 学以致用

通过“拍拍手”活动，你是否体验到了目标的“神奇之处”：目标不能定得太高，但也不能定得太低，要科学地评估自身的条件，然后再设定合理的目标；在实现目标的过程中，要及时将自己的行为结果与既定的目标相对照，及时进行调整和修正，确保行动方向不偏离目标方向。

目标的实现需要合理的规划，不仅是“合体”（适合自己），还要是“合时”（适合时宜）。请你分享一个长远目标，说说这个目标是否属于你的职业生涯规划中的组成部分，并分享制定此目标的缘由。

（二）活动二：我的最爱

1. 活动目的

通过对个人最喜爱的书、最敬佩的人等事物的梳理，进一步明晰个人价值追求。

2. 活动内容

结合个人实际情况，用简短的语句填写完成表 2–2。

表 2–2　我最喜欢的书 / 偶像 / 事

分类	内容
列举你最喜欢的 3 本书	1.
	2.
	3.
列举你的 3 个偶像或敬佩的人	1.
	2.
	3.
列举你最喜欢做的 3 件事	1.
	2.
	3.
列举你认为最有成就感的 3 件事	1.
	2.
	3.

活动小提示：

从列举的“最喜欢……”中，寻找共性；也可与同桌进行分享讨论，相信你能在共同讨论中加深对“最喜欢”的理解。

3. 你说我说

通过“我的最爱”活动，回顾和梳理自己最喜爱的书、喜欢的偶像、喜欢做的事和最有成就感的事。请分享一下你最看重的人 / 偶像 / 事都有什么特质或共性，是否能体现你的价值追求，是否有助于明确你的职业理想和发展目标。

四、拓展阅读

“排雷英雄”杜富国一家：在平凡的岗位，做自己的英雄

春节刚过，西藏军区边防某团战士杜富强，踏上了前往阿相比拉哨点的巡逻路。此刻，杜富强的二姐杜富佳、三哥杜富民，也同样奔赴他们人生的“阿相比拉”：抗击新冠肺炎疫情一线。让兄妹三人勇敢地做出选择的，是他们的大哥——“排雷英雄”杜富国。

相同的选择

2020 年 2 月 13 日一大早，贵州湄潭县一个农家院里，春雪还未彻底消融，阳光穿过清透的空气，照在院门口的红灯笼上。房门“吱呀”一声打开了。戴着墨镜的杜富国，在母亲李合兰的搀扶下走出房门。听着院墙外叽喳的喜鹊叫声，闻着雪后泥土的芬芳，他的脸上露出笑容。李合兰扶着杜富国站定，掏出手机，打开“多人视频”。在这个事先约定好的时间，远在西藏边防的幺弟杜富强、身在抗疫一线的二姐杜富佳，以及三弟杜富民，与大哥杜富国一起“隔空”团圆。听到弟弟妹妹们聊起近况、报一声“平安”，杜富国心里的石头终于落了地。挂上电话，在西藏山南军分区某边防团任下士的杜富强，看到姐姐杜富佳疲惫的面容，心里满是担忧。

杜富佳是一名急诊护士，她所在的湄潭县人民医院，是此次贵州省指定开设发热门诊的 183 家医疗机构之一。拨打视频电话那天，杜富佳刚刚走下夜班岗位。为急诊的发热患者监测体温、输液、换吊瓶……由于人手紧缺，那一夜，她几乎没有休息。

人生是由一次次选择组成的，也是由一次次选择决定的。就像在《爱丽丝漫游仙境》中，爱丽丝站在通往童话王国的岔路口，焦急地问“穿靴子的猫”自己应该怎么走时，那只漂浮在半空中的猫告诉她：“怎么走不重要，关键是你要知道你想去哪里。”

相同的血脉，相同的选择。在杜富国的鼓励下，大年初二，杜富佳和同样在湄潭县家礼医院当医生的三弟杜富民，一起递交了“支援抗疫申请书”，他们很快奔赴各自医院的抗疫一线，杜富佳还成为医院“青年突击队”的一员。

做自己的英雄

远在 2000 多千米外的西藏高原，杜富强的手机响了：“巡逻注意安全，等你回来，姐给你做你最爱吃的羊肉粉。”入伍后，杜富佳每周都会给幺弟杜富强发两次信息。过去，杜富强总会习惯性地认为自己是家里最小的娃，“长大”还是很遥远的事……但经过这次疫情，他突然有了一种想要保护家人的冲动。春节刚过，杜富强跟随战友踏上了连队最艰险的巡逻路——阿相比拉。在悬崖绝壁之上的羊肠小道上，杜富强背着几

十斤重的行囊，徒步行军 3 天 2 夜，蹚过 10 余条冰河，借助绳索攀爬险隘，架设悬梯飞跃崖壁，一座座终年不化的雪山，被远远甩在身后。“阿相比拉”是艰险的代名词。当跨越了这种“艰险”之后，当在哨点上展开国旗的那一刻，杜富强的眼圈红了，他开始更加理解哥哥，更加明白了哥哥说的“把青春融进祖国的心跳”这句话的含义。

“在平凡的岗位，做自己的英雄。”2 月 14 日，身处抗疫一线的杜富佳，向组织递交了支援武汉抗疫最前线的申请，弟弟杜富民也写了相同的“请战书”。

【阅读思考】

几秒钟的壮举，让杜富国失去了光明和双臂，也让大家记住了这个令人敬佩的小伙子。他的责任担当，他的无私大爱，他的英勇无畏无不让人动容。更值得自豪的是，这位英勇无畏的“排雷英雄”成为弟弟、妹妹们的榜样，“把青春融进祖国的心跳”已成为了弟妹的新目标。弟弟杜富强跟随战友踏上了连队最艰险的巡逻路，妹妹杜富佳站在支援武汉抗疫最前线，他们虽然没有像哥哥踏上凶险的战场作出英勇的牺牲，但同样立足于自身岗位，在平凡的岗位上，在自己的“主场”上，为祖国、为人民抛洒热血，成为了自己的“英雄”。每个人都有自己的职业方向和成长道路，找到你人生的路，确定你的目标，并坚持完成目标，获得成功。

第二节　生涯规划助成长

凡事预则立，不预则废。言前定则不跲，事前定则不困，行前定则不疚，道前定则不穷。

——《礼记 · 中庸》

【目标引领】

核心素养：

◎ 政治认同：牢固树立共产主义远大理想和中国特色社会主义共同理想，立志为中国特色社会主义事业而奋斗。

◎ 职业精神：根据社会发展需要和自身特点进行职业生涯规划，增强遵守职业道德和提高职业技能的自觉性。

◎ 健全人格：正确认识自我，树立正确职业理想，培养职业兴趣，提高适应社会、应对挫折、求职就业的能力。

三维目标：

◎ 认知：了解个人发展机遇，认识国家发展与个人职业生涯规划之间的关系。

◎ 情感态度观念：懂得新时代为个人发展提供了广阔的舞台，也对个人素养提出了新要求。

◎ 运用：能分析个人发展机遇，结合时代新要求，确定个人发展的阶段目标。

一、案例探索

职业生涯规划该如何制定?

通过自己的职业调研和老师的职业发展指导，小王同学开始对自己的就业前景充满期望。他认为，在充满机遇的新时代，年轻人要有梦想，要把握机会，做好新时代的“弄潮儿”，就总有成功的一天。同时，小王同学也意识到，理想有可能是很多年后甚至是几十年后才能实现，关键在于当下，当下的每一步都组成通向未来的路。于是，他开始调整心态，把那个“遥远的梦”——成为大国工匠，作为激励自己前进的职业理想终极奋斗目标，他渴望在自己的专业领域有所建树。郭老师给他建议：“你应该从大目标出发，制定职业生涯规划，让每个小目标都更加具体、更加可操作。半年目标、一年目标、三年目标、五年目标，这些是实现职业理想的关键每一步。”

七嘴八舌

个人需要结合自身实际确定个人职业生涯规划，明确阶段目标和发展措施，你认为小王同学应该如何设定发展阶段和阶段目标呢?

案例透视

实现理想路太远，阶段目标就是每一段路的路标，只有在职业生涯路上沿着正确的目标方向，每一步都走踏实了，才能使理想开出灿烂的花儿，否则，理想便成了空想。在进行职业生涯规划时，要把个人发展与经济社会发展联系起来，把个人的自信、自强、积极向上的精神与国家兴亡联系起来，把个人发展与祖国的繁荣富强、把自己的梦与中国梦融为一体。同时，要为终身学习打好基础，形成终身学习的理念，激励自我，珍惜时间，努力学习。

二、知识延伸

确定长远目标是职业生涯规划的关键环节，但长远目标的实现由分阶段目标的实现组成，各阶段目标之间的关系应该是阶梯形的，一个阶段目标既是后一个目标的基础，也是是前一个目标的方向，所有阶段目标都指向长远目标。阶段目标设计的“反向”思路：

1. 理清长远目标对从业者的要求。
2. 以差距为依据“搭台阶”。
3. 注明每个“台阶”对从业者的要求。
4. 理顺各“台阶”的内容衔接。
5. 设定达到目标的标准。

三、心动行动

活动：我的成长阶梯

1. 活动目的

通过小组讨论与自我反思，使学生形成对自己的职业理想的正确认识，并尝试确立个人的长远目标及阶段目标。

2. 活动内容

学生两人一组，可以通过提问、反问、建议等方式，共同完成各自的目标设定，并用简洁的文字填写表 2–3。

表 2–3　我的成长阶梯

目标分类	目标内容	实现时间
长远目标		
阶段目标 1		
阶段目标 2		

（续表）

目标分类	目标内容	实现时间
阶段目标 3		
阶段目标 4		

活动小提示：

通过提问、反问或给出个人建议等方式，有助于同学们在相互讨论中逐渐明晰个人的长远目标及其实现的步骤。

3. 你说我说

请选出几位同学进行班级分享：

“你的长远目标是什么？”

“你打算如何实现长远目标？”

“长远目标实现的过程总体上可以分为几个阶段？”

“你觉得每阶段的目标设定是否合理？”……

4. 学以致用

长远目标的达成，需要一个接一个的阶段目标来实现。阶段目标可以根据时间来设定为：半年、一年、三年、五年等，还可以根据人生发展阶段来划分为：高中、大学、毕业、就业初期等，还可以根据专业技能等级提升来划分为：初级、中级、高级等。每个“目标阶梯”是实现职业生涯的关键，认真走好每一步，才是实现人生目标的真谛。

四、拓展阅读

顾士杰：从排水学徒工成长为“上海工匠”

他是上海市五一劳动奖章获得者，并获得“上海工匠”称号，以他名字命名的“顾士杰创新工作室”曾获上海市“技能大师工作室”“技师创新工作室”称号。从电试班学徒工到高级工程师，19 年来顾士杰始终坚持扎根技术一线。近日，他分享了自己的成长之路和他理解的“工匠精神”。从小，顾士杰就对探索技术有着浓厚的热情。“我在上小学、初中时常常参加航模、船模比赛，直流小电机、螺旋桨也是自己装配的。到了大学，我对电气方面感兴趣，就格外用心地学习，对于机械、污水处理的工艺等都有所掌握。”

2000年，22岁的顾士杰从电试班学徒工开始，扎根一线，从事设备养护、维修等基础性工作。当时，家住闵行区浦江镇的他，工作之余就跑到单位边的上海书城、科技书店，要把自己领域内的知识学好学透。

2006年，顾士杰带着自己牵头研发的水体自动采样机参加上海市发明赛，获得四等奖。他在访谈中回忆起第一次发明和参赛的经历："当时，泵站水体采样需要工人每隔两小时进行一次，不仅耗费人力，还容易因为各种因素的影响出现偏差。我研制的机器除了采样，还可以混样，工人每天只需采样一次，机器的价格不到进口价格的一半。"

此后，每隔一两年，他都会带着自己的项目参加发明比赛。第25届、第26届上海市优秀发明赛铜奖、上海城投集团"工人发明家"称号、上海城投集团"十佳金点子"一等奖……这些奖项都是对他从事研发创新工作的鼓励和肯定。

日常工作中，顾士杰提得最多的就是"团队"二字，他说："搞科研不能光靠一个人单打独斗，只有和团队并肩作战，才能发挥更大的力量。"2013年初，"顾士杰创新工作室"成立，在这个平台上，许多优秀青年技术骨干脱颖而出，成长成才。

对于新时代的"工匠精神"，顾士杰也有着自己的理解："应该有'耐得寂寞、沉得住气'的精神，不畏困难，尝试新事物，力求精益求精，真正做个实践者、奋斗者、创新者。"

【阅读思考】

职业兴趣是兴趣在职业方面的表现。顾士杰自小就对工程技术感兴趣，并以此来规划自身专业成长路径，从中学参加各项比赛，到大学进入电试班真正学习，再到毕业后选择扎根排水工程一线，每个阶段他都积极发挥目标规划导向作用。他从"排水学徒"到"上海工匠"，从个人成长到团队并肩作战，凭借着对技术探索的热情，对目标的自觉践行和对工作的执着追求，19年来扎根一线工作，不断提升技术水平，是精益求精、追求卓越的工匠精神的践行者。

第二部分

认识自我　健康成长

【卷首语】

每一个“我”都是独一无二的，既有优点和长处，也存在不足与短处。认识自己，了解自己，多维度发掘自身的“宝藏”，放大自己的优势，做更好的自己，是我们一生的课题。

智慧的人，会主动接纳生活的不如意，学做情绪的主人；在每一次挫折体验中，汲取成长的营养；请接纳不完美的自己，让内心更加强大；让勇气与智慧丰富青春的岁月，让汗水与奋斗创造希望的明天！

我们也许只是微小的一颗星，
但也可以用光热点亮夜空。
我们也许只是柔弱的一棵草，
但也可以用青翠装点风景。
我们也许只是平凡的一个人，
但也可以用独绝丰富世界。
人生也许有许多风雨忧愁，
但风雨过后阳光必将明媚，
而忧愁过后快乐必将纯粹，
我们也因此更加坚强自信！
前事可为鉴，积水可成渊。
博学日参己，立身天地间。

第三议题　为什么“人人都可成为社会有用人才”？

第一节　认识自己的多维度

知人者智，自知者明；胜人者有力，自胜者强；知足者富，强行者有志。

——老子

【目标引领】

核心素养：

◎ 职业精神：具备理性思维、批判质疑、勇于探究的科学精神，能够正确认识和处理社会发展与个人成长的关系。

◎ 健全人格：具有积极心理品质和自尊自信、理性平和、积极向上的心态，健全人格，正确对待自我、他人和社会，做到自立、自强、坚韧乐观，提高心理健康水平和职业心理素质。

三维目标：

◎ 认知：了解认识自我的含义，掌握自我认知的正确方法，了解悦纳自我的积极意义。

◎ 情感态度观念：正确认识自我的重要性，提高自我认识程度，学会悦纳自我，从心底接受不完美的自己。

◎ 运用：运用乔哈里窗的理论知识，从自我评价和他人评价中全面地、客观地认识自己；尝试解决生活中因片面自我认识所导致的心理困惑。

一、案例探索

小航的烦恼

刚满 17 岁的小航是独生女，学习成绩一般。她朋友比较少，经常宅家里，偶尔也会和网友聊聊天，更多的是逛淘宝直播间。家里物美价廉的日用品以及衣物等都是小航帮着父母在网上购买，有些网购物品还经常受到邻里的夸奖，这让小航感觉自己像个小大人，能为家里尽一份力量。在“618”、“双 11”或“双 12”等促销期间，小航更是熬夜抢购，乐此不疲。

为此，小航妈妈经常唠叨着“要是女儿对待学习能像对待上网购物那般热情该多好”。爸爸则不断强调“少壮不努力，老大徒伤悲”等大道理。小航听到父母的唠叨就感到烦躁，认为父母思想落伍，一点都不懂自己，她觉得我这样买东西还不是为了家里。渐渐地小航越来越不愿与父母相处，可又离不开他们。小航埋怨自己经济不独立，只能与父母同住，看他们脸色行事，心里感到很憋屈。

小航经常对着镜子看很久，她有时觉得镜子里的自己好像个大人，但是又觉得自己什么也不是。小航甚至出现了离家出走的念头，她很困惑，我明明长大了，可这样的自己却不讨人喜欢。

七嘴八舌

1. 小航对自己有正确的认识吗？说说你的见解。

2. 小航的烦恼在同龄人中普遍吗？你有类似的烦恼吗？

案例透视

“人贵自知”案例中的小航对自我认知存在不全面的评价。从案例可看出，她并没有理解长大成人的真正意义，没有意识到自己在学生阶段需要担负的责任与义务，而是停留于外表的“长大”。

1. 青春的迷雾

青春期是个体走向独立的关键期，也是情绪波动剧烈的时期。作为“网络原住民”的青少年，网络是其生活的重要组成部分。小航平时爱宅家上网，容易受到网上很多信息的影响，例如“年轻一代就要独立独行”“爸妈的思想都过时”“我们是新生时代，要有自己的思考”等，网上的各种信息，有时会让青少年失去理性判断，从而陷入“我是谁？”“别人会喜欢我吗？”“我好像被人别所讨厌？”等一系列问题中。有些青少年容易钻牛角尖，产生片面或偏激想法，导致自我认识不全面。自我认知是一种多维度、多层次的复杂心理现象。通过参与找寻真正自我的活动，拨开自我认知的重重“迷雾”，从而认识自身的优点与长处，才能接纳自身的不完美。

2. 认识自我

每个人都需要在现实生活中与人沟通。通过与别人交流，从对方反馈中获得与自我认知相同或不同的评价、认识，逐步完善关于自己的外貌、性格、素养、能力、兴趣爱好、生活中重视的事情、对未来期许等多维因素的自我认知，能帮助自己深入了解自我，从而思考如何做更好的自己。

3. 悦纳自我

自我悦纳，首先，需要正确评价自己，即有客观的自我认识。自我悦纳，不仅要接纳自己的优点、长处，更要接受自己的缺点与不足。青少年思考时往往带有较大的主观片面性，容易拿自己与他人作比较，或者只看到了自己的一部分优势，对自己的评价偏低。悦纳自我，就是做到正确认识自己，肯定自身优势，总结存在不足，并认真思考如何发挥优势和特长，改进劣势和不足。

4. “乔哈里窗”理论

“乔哈里窗”被称为“自我意识的发现——反馈模型”，最初由美国心理学家乔瑟夫（Joseph）和哈里（Harry）提出。该理论将人际沟通的信息分为 4 个区域，可以帮助我们更好地认识自己。

（1）开放区：自己了解的同时别人也了解的区域，被称为“开放区”，即“你知我知”，例如，姓名、QQ 号、学习成绩等。

（2）盲目区：别人了解，但自己不知道的区域，被称为“盲目区”，即“你知我不知”，例如，别人对你的真实感受与评价等。

（3）秘密区：自己了解，但别人不知道的区域，被称为“秘密区”，即“我知你不知”，例如，身体的秘密、对某些事情的好恶、家里的事情等。

（4）未知区：自己和别人都不知道的区域，被称为“未知区”，即“你不知我不知”，例如，疫情下无意识的恐惧、自己深层次的需求等。

二、知识延伸

根据乔哈里窗理论，我们可以清晰地知道在“开放区”的自己是什么样的；“秘密区”的自己是什么样的；“盲目区”中有哪些信息能帮助我们重新认识自己；“未知区”的深度到哪，是否潜藏着无限可能。

当沟通双方的共同开放区越多，与他人沟通也就越便利，越不易产生误会，也能获得越多他人对自己的评价信息。从他人评价中，我们一般能发现不一样的自我，这往往是自我认知的“盲区”。不断缩小自己的“盲区”，才能帮助我们走向成功。

一个真诚的人也需要“秘密区”，完全没有“秘密区”的人心智是不成熟的。在安全的沟通场景中，个体可适度地打开“秘密区”，这是提高沟通成功率的一条捷径。

“未知区”是尚待挖掘的黑洞。也许通过某些偶然或必然的机会，个体能达到对自我较为深入的了解。随着对自我认识的不断深入，个体自身潜能才会得到更好的发挥。

三、心动行动

（一）活动一：心花怒放

1. 活动目的

帮助同学们从实践活动中对自我认知概念有更好的了解，并学会自我审视与自我评价。

2. 活动内容

俗话说“当局者迷，旁观者清”。认识自己是世界上最困难的事情。想象有一面魔镜，通过写下“心花”，完成一次内心对话，能够帮助我们更好地认识自己。

（1）教师按照班级人数准备彩纸、彩笔等材料，并按照人的数量分发。

（2）同学在彩纸上画上一朵属于自己的“心花”（见图 3–1）。

（3）根据每片花瓣的提示，同学们写上自己的答案。

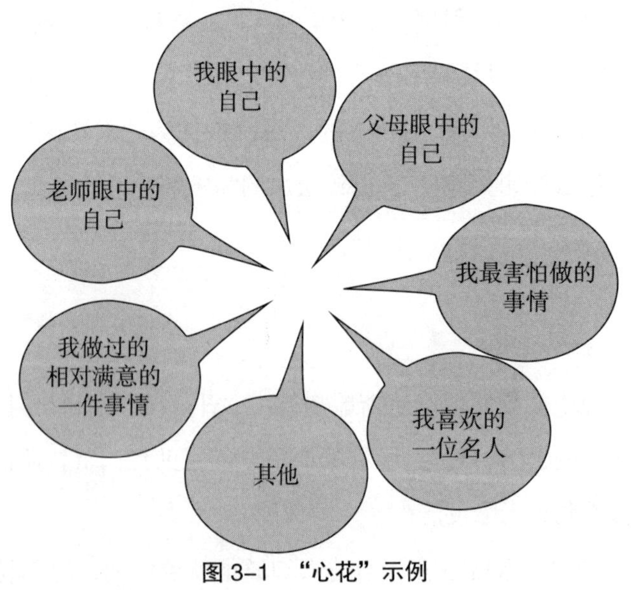

图 3–1 “心花”示例

活动小提示：

①不要写名字。

②每个人记住自己的“花朵”。

③尽量美化自己的“花朵”。

3. 心灵透视

俗话说：“金无足赤，人无完人”。每个人既有优点，也有缺点。很多时候，我们容易看到自己的长处，却不容易看到自己的短处；我们容易看见自己的特长，却忽略自己的不足。正确认识自己的优点和缺点，是个人进步的起点。

（二）活动二：名花有主

1. 活动目的

通过活动，同学们将对身边的小伙伴有不同的认识，促使他们学会多维度看待自己或他人。

2. 活动内容

（1）首先，将班级分成 5 ~ 6 组（每组人数最好相等），老师按小组收集大家的“心花”卡片，并打乱顺序。

（2）其次，以小组为单位，每组同学根据“心花”卡片上的内容，为相邻组的同学匹配到对应的“心花”卡片，匹配正确的同学请在组内分享找到“花主”的依据和原因，以此类推。

（3）最后，老师在旁边观察，记录下哪组同学用时最短，正确率最高。

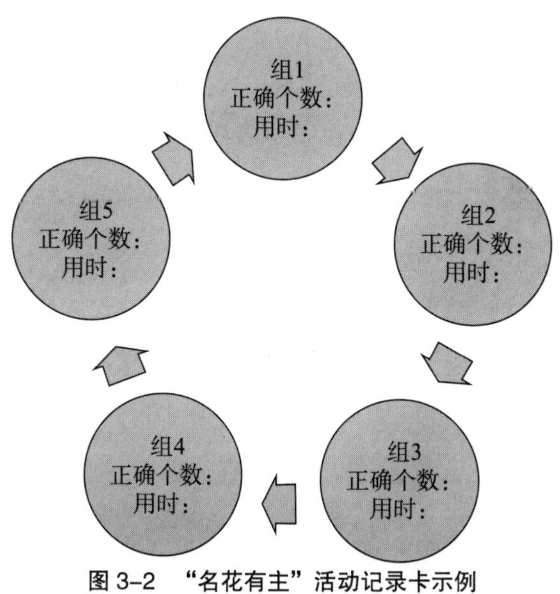

图 3–2　“名花有主”活动记录卡示例

3. 你说我说

（1）你们是如何找到“花”的主人？

（2）被找到“花”的主人有什么感想？

（3）对于这位“花”的主人，你们最欣赏他/她的哪点，可以举例分享。

活动小提示：

请参考其他人对自己的评价发言，再次“美化”和完善自己的“心花”。

4. 知识驿站

（1）自我了解

从身体、能力、社会关系、优、缺点等各方面等表面信息来认识自我，包括自己的生理情况、心理情况以及社会行为情况等。例如，身高或者长相等生理因素都会导致个人产生自卑或自信等情绪感受。面对自卑、害怕等消极情绪，自己是否进行调节或有调节的想法。

（2）他人评价

从个人角度来认识自我，往往是不全面、不客观的。只有充分地听取别人的评价，从多角度、全方位地分析自己是怎样的“我”，才能发现一个更立体的自己。

（3）社会反馈

虽然他人评价与自我了解可以得到立体的自我认知，但是无论从自我了解出发，还是他人评价出发，这些认知都包含个人的主观情绪中，因此，我们可以选择一个在个人成长阶段与自己相匹配群体，与自己进行对比。

（4）反省总结

曾子说“吾日三省吾身”反思自己是认识自己的最重要的一步。我们可以通过以上三个方面认识自己，但对碎片化、片面化的信息还需要自己作出总结思考，那么，一个真实客观的自我就呈现出来。

（三）活动三：开启我的乔哈里窗

1. 活动目的

促使同学们对自我展开深层思考，帮助他们对“自我”有多角度的了解和认识。

2. 活动内容

结合完善后的“心花”卡片，根据自我了解的信息与他人评价的信息，完成自己的乔哈里窗口。

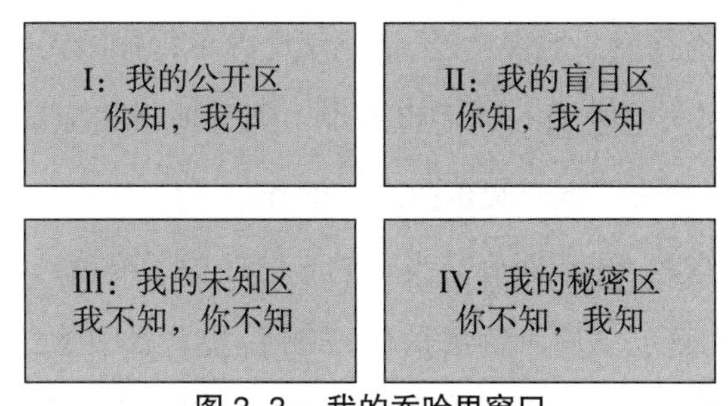

图 3–3　我的乔哈里窗口

3. 你说我说

（1）你认为这四个区域是一成不变的吗？

（2）如何了解与探索自己的未知区及盲目区？

4. 知识驿站

每个人都可以运用“乔哈里窗”，寻找合适的机会，展示多维度的自己（如兴趣爱好、真实想法、个人愿望等），让他人更好地了解不同的自己。

在“乔哈里窗”中，比较重要的一个区域是“盲目区”。当一个人的盲目区越大，他越有可能产生盲目的自信或自卑，这会影响个人在面对具体情境下的选择。如何缩小盲目区的范围，学生可以通过询问家人、老师、同学和朋友的意见，他人的客观反馈有助于帮助个人作出更客观的分析与判断。

四、拓展阅读

新冠疫苗志愿者莫诗琦：我是“探路者”

在隔离房间里还不忘跑步锻炼，端着饭菜进入隔离房间时总是感激连连、笑意盈盈、阳光开朗的莫诗琦，曾被网友称为“武汉最美马拉松女孩”，也是新冠疫苗接种试验志愿者之一。

谈及报名成为新冠疫苗接种试验志愿者的经历，诗琦说：“我不是英雄，只是想为我爱的城市做些什么。”她淡淡一笑，给我们讲了参加新冠疫苗接种试验的故事：我只是 108 名探路者之中的一员。因为钟南山院士说，疫苗是解决新冠肺炎最根本的办法。2020 年 3 月 16 日，我国科研团队研制的重组新冠疫苗获批启动了临床试验，一期临床试验就在武汉进行。我朋友加入了新冠疫苗志愿者的队伍，朋友说很缺年轻的女性志愿者。没有和爸爸妈妈商量，我就报了名。但得知消息后，妈妈开玩笑说：“让你爸也去参加，他是党员。”爸爸羡慕地说：“可惜我年纪大了，报国无门啊。”

记得我去体检的那天，爸爸一句话也不说，默默地帮我拖着行李箱，坚持要送我到楼底下；妈妈则一直念叨，担心我东西没收拾齐。

我顺利地通过了体检，怀着期待又兴奋的心情接种了疫苗，成为了第 84 位完成疫苗接种的志愿者。我和这群志愿者们都是从 4800 位报名者中筛选出来的，最终包括我在内的 108 位志愿者成为了首批新冠疫苗受试的“排头兵”。大家都笑称我们是“108 好汉”。我不是一个人在战斗，我的身边还有很多优秀的“年轻”人与我并肩前行。

隔离期间，我每天在网上工作之余，也会看看电影、看看书。来这里的第一天，我就开始在微博上记录自己成为志愿者的日常，记录下我人生中最有纪念意义的一件事。没想到获得了那么多网友的支持，还有人向我咨询如何报名。每天持续更新视频日记成为了我的日常，和网友互动，解答问题，我从一位报名者向受试者转变，如今我又成为了一位科普者，我感到自豪。

有人说，我们是人类的“探路者”。可在我看来，我们只是在用自己的力量，守护我们所爱的城市。

现在，全国各地很多医疗队都撤离了，武汉也解封了，我们的城市终于恢复了生机，我也已经结束了 14 天隔离期。我多想立刻去东湖绿道上奔跑，呼吸着新鲜口气，大声喊：“永远年轻，永远勇敢，永远激情澎湃！”

正如习近平总书记在给北京大学援鄂医疗队全体 90 后党员回信中所指出的：“广大青年用行动证明，新时代的中国青年是好样的，是堪当大任的！”

让我们为莫诗琦等青年“探路者”们喝彩！

【阅读思考】

“108 探路者”做出选择的背后，支撑他们的是责任、担当与使命。文中的莫诗琦成为首批新冠疫苗接种志愿者，她勇敢的选择源自她对自我的正确认知。她认识到自己作为新一代青年，更是武汉这个英雄城市的一份子，她明白自己的责任与担当，在国家需要的时刻坚定地站出来，为祖国甚至为全人类贡献自己的力量。

第二节　自信激发赢未来

天生我材必有用，千金散尽还复来。

——李白

【目标引领】

核心素养：

◎ 职业精神：培育中职学生的职业精神，坚定地通过职业发展实现人生出彩的信心，追求高尚道德品质，提升职业道德境界。

◎ 健全人格：具有积极的心理品质和自尊、自信、积极向上的心态，能自我调节和管理情绪，处理好个人与他人、个人与社会的关系。

三维目标：

◎ 认知：明确正确认识自我对于专业学习与职涯发展的重要性。

◎ 情感态度观念：激发探索自己职业发展的兴趣；热爱自己的专业学习。

◎ 运用：通过分析自己的兴趣爱好，明确自己的优势与不足；进一步激发自信心，明确自己的职业发展目标。

一、案例探索

郁闷的小航

受新冠疫情影响，3 个多月来小航一直在家上网课，也因为长时间与家人相处而产生各种矛盾。因此，她总是心情低落，独自感叹留守家中的日子何时结束。于是她鼓足勇气，给学校的心理老师写了一份电子邮件。

尊敬的杨老师：

您好，我是 ×× 班的小航，最近发生的事情让我觉得很烦闷，可以向您倾诉吗？

在家里，无论我做什么，都得不到父母认可。我妈妈在电影院工作，疫情期间一直在家。这段时间，妈妈总是为一些小事批评我，例如拖地板不干净、用过的东西没放回原处、房间邋里邋遢等。她的唠叨、斥责让我心情郁闷，加上我在家一直生活不规律，白天昏昏沉沉，晚上容易惊醒，天天逛淘宝或者看明星八卦也觉得无聊，不知道该做什么。每当我想与同学出去玩，开口向父母要零花钱时，都会被父母一口拒绝，而且还训斥我不懂事。父母的脾气好像越来越差，因此我也跟他们吵过架，但是没有一次好结果。

我怎么摊上了这样一个家呢？父母一点都不理解自己，生活中也没有特别好的朋友，另外，我读的模具专业也不是自己喜欢的，自己的长相、身材不好，家里的经济条件一般，说起来真是事事闹心。我为什么会这样倒霉，以后该怎么办呢？

唉！烦扰老师了，希望能收到您的回复。谢谢！

七嘴八舌

1. 请问小航与父母关系紧张的原因是什么？

2. 小航为什么对自己不满意？

案例透视

1. 常见的青春期现象

从小航的邮件中可以看到，正处于青春期的她，与父母的矛盾频繁暴发，这种现象在同龄人中很常见。特别是在新冠疫情期间，个人心理压力大，与长辈长期共处在相对狭小的空间内，容易导致矛盾的加剧。青春期的孩子更加敏感，不愿意被父母管教，容易感到孤独，对自己的外貌更加关注等。

2. 比较的哲学艺术

生活中“人比人，气死人”的现象处处可见。小航拿自己与同学相比较，容易产生失落的情绪，这是青春期普遍存在的现象。实际生活中，许多人“以短比长”，只看到自己的不如意，忽视了别人的“水深火热”。尺有所短，寸有所长。每个人身上都有优点，也都有“先天不足”。

智慧的人会接纳自己的不完美，同时找到自己的潜力，不断加强自身的优势；同时，放下不必要的比较，重塑自信心，用积极向上的心态悦纳自我。

3. 挖掘自身的宝藏

每个学生都要学会有意识地发掘并培养自己优秀品质，增强自信心。例如，小航学习成绩不好，但特别关注线上平台购物，以后在电商领域发展也未尝不可；除此，在生活中小航不善于夸奖别人，但做事踏实认真，尤其是精细的工作她总能完成得很好；就算小航心里不开心，但她仍能保持理智，选择沟通联系，主动把内心的痛苦告诉老师……每个人都有些难以改变的地方，比如你无法改变容貌，但你可以展现笑容，以微笑面对生活，让心灵充满阳光！

二、知识延伸

每个人与父母的关系，都可能要经历以下的变化过程：第一阶段：依赖父母，绝对信任（婴幼儿与儿童时期）；第二阶段：讨厌父母，矛盾冲突（青春期）；第三阶段：理解父母，尊重父母（成年以后）；第四阶段：敬佩父母，与自己和解（中年或者老年以后）。可以说，青春期父母与孩子的关系最为紧张。年轻人应有意识地改善双方的关系，引导长辈保持良好的沟通关系，这并不是单方作出努力就足够的，良好的关系要靠关系双方共同经营。

三、心动行动

（一）活动一：拍摄我的星球

1. 活动目的

引导学生学会正确地认识自己，看清自己的优势与不足，鼓励他们清楚自身的优势与特长，从而增强自信。

2. 活动内容

每位同学完成“我的星球”，并在班级内进行展示交流。

（1）我的星球

每个同学对自己做一次认真的“审视”，从人际关系、性格特点、能力特长、兴趣爱好等方面思考，写在“我的星球”相应的区域，如图 3–4 所示。每个区域可以写多条内容，如小航可以接纳的不足包括：长相、身材、家境等。

（2）群星灿烂

每个同学用水彩笔美化“我的星球”。美化后的“星球们”首先在小组互相欣赏，然后张贴在教室里，既可以在课堂上展示交流，也可以课后观摩。

（3）彼此欣赏

首先，同学们依次在小组内分享自己曾经比较满意或者认可的一件事情，即经过努力培养的优势或获得的成果；接着，由同组的其他同学进行提问，老师在旁边引导，分享的同学从中得到深入思考与自省；最后，每个同学为小组其他人送上赞美爱心。互相提问的环节可包括以下内容：

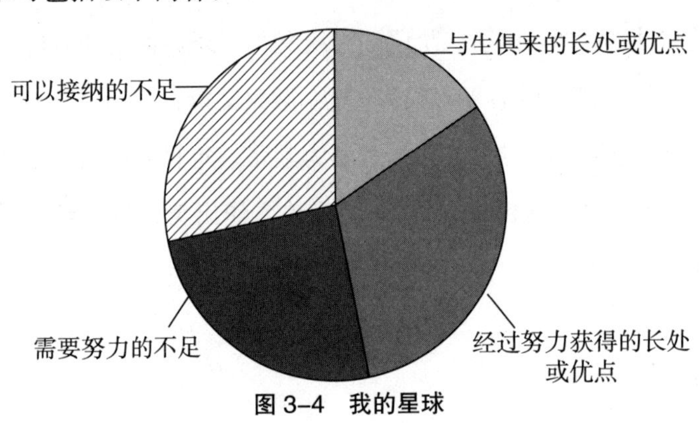

图 3–4　我的星球

①事情是什么时候发生的？

②当时有谁看到了或者听到了你的事情？

③从这件事情，你获得怎样的经验？

④关于此事，你觉得可以告诉身边哪些人？

⑤身边的人听到后可能会有怎样的心情？

⑥你身边的人，他们也许可以从这时事情中学到什么呢？

⑦从这件事件中，你发现自己有什么样的能力？

⑧利用你的能力，你还可以在哪些方面进行挖掘？

⑨如果你再次成功了，你的父母或者其他人会怎么看你？

……

活动小提示：

（1）小组活动中，同学之间可以互相帮助，尽量美化“我的星球”。

（2）真诚地欣赏他人曾经的比较满意或认可的事件。

（3）全班“我的星球”构成一个美丽的星空，教师适时予以鼓励。

3. 你说我说

（1）通过填写“我的星球”，你发现了哪些从未发现的优点与不足？

（2）你如何看待这些优点与不足？

4. 学以致用

通过填写“我的星球”，相信同学们对自身的优势有了比较全面的了解。请在接下来的学习与生活中，学会利用这些优势，让自己变得更自信、更优秀，同时也要注意不要让自信变成了自负。

5. 心灵透视

如果每个人都是一个独立的“星球”，那么在每个人的“星球”深处都有一座价值连城的矿藏，而它能不能得到有效的开采，取决于每个人是否找到了合作的伙伴，以及是否有足够好的“开采机器与设备”。也许有些矿藏在现阶段无法开采，耐心等待，创造条件去开采“我的星球”上富有的矿产。

（二）活动二：我的“矿产”明细

1. 活动目的

使学生正确认识自身的不足，坦然面对，引导他们积极寻找弥补不足的方法，若无法避免，则鼓励他们学会用乐观态度面对见表 3–1。

2. 活动内容

同学们以小组为单位，根据每个人填写的“我的星球”，依次对每位组员的不足进行分析，共同出谋划策，互相帮助组员分析自身的不足，明确可以坦然接纳的不足，讨论寻找改进的方法和需要的资源。

表 3–1 我的“矿产”明细

需要改变的不足	可以接纳的不足
不足 1:________ 改变方法: ________ 不足 2:________ 改变方法: ________ 不足 3:________ 改变方法: ________	不足 1:________ 接纳原因: ________ 不足 2:________ 接纳原因: ________ 不足 3:________ 接纳原因: ________

活动小提示：

（1）重点分享、讨论可以接纳的不足。

（2）探讨改进不足时要考虑所需要利用的资源或者何人的帮助

3. 你说我说

（1）你在生活中是如何面对自身不足的？

（2）请谈一谈你改进不足的方法。

4. 学以致用

班级交流后，同学们明晰了自身的不足和获得了改进方法，请记住要学会在实际生活中运用这些方法，从而建立自信，把劣势转化为优势。

5. 心灵透视

（1）想要正确认识自己，首先要学会自我反省。“吾日三省吾身”，在自省中不断改进缺点，不断获得进步。

（2）当自己无法认清自己或对某些方面感到困惑时，你可以求助老师和朋友。要知道“当局者迷，旁观者清”，他人往往更能看出你的问题所在，固步自封就可能“不识庐山真面目”了。

四、拓展阅读

一位学生的战“疫”写真

新冠肺炎疫情防控期间，上海市实验学校西校七年级学生朴炫伊上网课之余，不甘寂寞，开动脑筋，积极为抗击疫情做了很多事情。请跟着我们的镜头探个究竟。

镜头一：妈妈的影响

朴炫伊的妈妈是一位医生，虽然她没有去武汉，但她作为一名训练有素、关心病患、精益求精的外科医生，一直坚守在临床一线。

有一次，妈妈忙碌完回到家中，朴炫伊看到了妈妈护目镜和N95口罩在她脸上留下了深深的痕迹。妈妈很难过地告诉女儿，这次疫情初期有部分医生在一线感染甚至献出了宝贵的生命。妈妈的教育让炫伊决心“必须做点什么”。

镜头二：创新设计口罩

疫情期间，社区工作人员一直在岗辛勤工作，有部分学校老师也参与社区志愿者岗位，口罩资源十分紧缺，一只口罩往往要戴一个多星期。于是，朴炫伊跟爸爸妈妈提出想要为学校老师及社区的工作人员捐口罩。作为医生的妈妈一听到女儿的建议，立马付诸行动，迅速联系多家医疗用品单位，付好了订金，等了几天，传来的消息是没货了，口罩已由政府管理或者捐给武汉了，只能再联系其他厂家，或者叫他们再等等。

经过屡次失败后，终于订到了数百只医用口罩。朴炫伊迫不及待把口罩捐到学校志愿者老师手中，心里无比欣慰。

口罩那么珍贵，一定要发挥最大的作用。于是，朴炫伊查阅资料，请教爸爸妈妈，终于在口罩设计改进方面，交出了漂亮的答案。

首先，为了减少感染病毒的可能性与概率，朴炫伊在口罩上设计了一个“醒目”的报警灯，佩戴的人一旦靠近携带新冠病毒的人 / 物就会自动发出红色光芒和警报声。另外，朴炫伊还在口罩上设计了一个消毒键，每当按下这个按钮，口罩会进行彻底的自动消毒，这样便可以多次循环利用，增加使用性能。

镜头三：疫情实时追踪

朴炫伊还设计了一个疫情实时追踪栏：它可以辟谣并十分准确地汇报当前的疫情状况；若有特殊情况，它可以迅速地帮你联系医生；在这个实时追踪栏中，同时设置电子平台上的答疑专家，可以帮你解决很多与疫情相关的问题，帮助大家减轻心理压力。

镜头四：防疫宣传卫士

作为学校的一名大队委员，朴炫伊带领社会实践部成员在疫情期间制作了有关抗“疫”的科普微课，并进行展示，如向大家介绍七步洗手法。朴炫伊以小指导员的身份与同学、班主任制作了“战疫情”的小视频，用特殊的方式，在线上为同学们送去希望。

朴炫伊的故事很精彩，我们只是摘取了其中几个镜头与大家分享。你的抗疫故事呢?

【阅读思考】

国是千万家，有国才有家。爱国就是在任何时候，特别是国家碰到艰难困苦的时候，同学们要勇敢站出来，相信自己可以做点什么，而且付诸行动踏实地去做。每个人都可以积极向身边的人传递正能量，让希望点亮前进的道路。

在抗击新冠疫情的过程中，每个人都是战士。通过此次抗疫狙击战，同学们能更加清醒地看到：只有全体中国人齐心协力，才能共克时艰，最终走向中华民族的伟大复兴!

第四议题　为什么说“艰难困苦，玉汝于成”？

第一节　人生挫折自难免

人无远虑，必有近忧。

——出自《论语·卫灵公》

【目标引领】

核心素养：

◎ 职业精神：具有积极的劳动态度和良好劳动习惯，树立通过职业发展实现人生出彩的信心。

◎ 健全人格：具有积极心理品质和自尊自信、积极向上的心态，能自我调节和管理情绪，做到自立自强、坚韧乐观。

三维目标：

◎ 认知：了解“艰难困苦，玉汝于成”的涵义，理解挫折教育的意义。

◎ 情感态度观念：明确挫折的积极效能，以正视情感面对挫折；珍惜生命，热爱生活。

◎ 运用：发挥正面典型人物的榜样作用，树立正确的抗挫认知，凝聚奋进力量。

一、案例探索

失落的小珍

小珍入校快半年了，总是闷闷不乐。刚进学校时，老师就发现她特别内向，甚至有点自卑，脸上总有淡淡的愁容。老师从她父母那了解到小珍入读中职校是迫不得已的，而且所就读的专业也不是她所喜欢的。原来，小珍初中学习一直很努力，成绩优秀。可是中考时压力太大，导致她发挥失常，成绩与高中录取线相差 2 分，通过补填志愿来到了现在的学校。

小珍的父母都是大学生，他们从未预料过女儿中考的失利，小珍也一直自信满满。

因此，小珍在收到中专录取通知后开始觉得自己“低人一等”，尤其是无法面对曾经在一起生活、学习的中学同学与老师。父母虽然没有说什么，但是看到他们不经意间流露出来的失望神态后，小珍心里更郁闷了。

情绪低落的小珍来到学校心理辅导室，向心理老师坦言：“我内心很不情愿来到学校，上课老是莫名紧张，有时睡觉也不踏实。每当看到父母失望的眼神，我就恨透了自己……想到三年以后我只有中职文凭，到底该怎么办？现在的我又能做什么改变呢？”

七嘴八舌

1. 小珍中考失利可能有哪些原因？

2. 你认为小珍该如何改变现状呢？

案例透视

正如案例中的小珍一样，很多时候，即使努力奋斗，也不一定能得偿所愿。小珍中考时压力太大，导致中考失利，她遭遇到人生的挫折。

挫折并非人们所愿，但也不是洪水猛兽。无论是普通人还是伟人，生活中都会经历挫折。有人愈挫愈勇，从而坚定自己的内心；有人从挫折中汲取力量，在曲折中实现人生的目标。

1. 挫折与机遇并存

一般情况下，人在遭受挫折时往往会感受到巨大的压力。压力会使人产生迷茫、焦虑、愤懑、无奈等情绪，所以大多数人都害怕遇到压力与挫折。然而，只要我们正确看待压力，用心疏导，压力就有可能转化为前进的动力，挫折就有可能转变为成长的契机。

危机可以解读为“危险中蕴藏机遇”。2020年新冠肺炎疫情来势汹汹，没有特效药，但是钟南山院士、张伯礼院士等人迎难而上，逆行武汉，在抗击新冠肺炎战“疫”中大胆使用中药，让古老的中医药焕发了新的活力。

2. 挫折的不同表现

青少年的挫折体验主要包括以下四个方面：

（1）学习挫折：比如成绩差、难题不会做、升学受挫等。

（2）交往挫折：在处理与父母、老师、同伴等人际关系方面，遇到障碍而引起的挫折，比如社交恐惧，或者其他特定场景下的恐惧。

（3）竞争挫折：比如理想与现实的矛盾，比赛失利或者其他竞争压力等。

（4）自尊挫折：个人在自尊需要没有得到满足时所引起的挫折，比如被揭短、被嘲笑、被老师当众批评等。

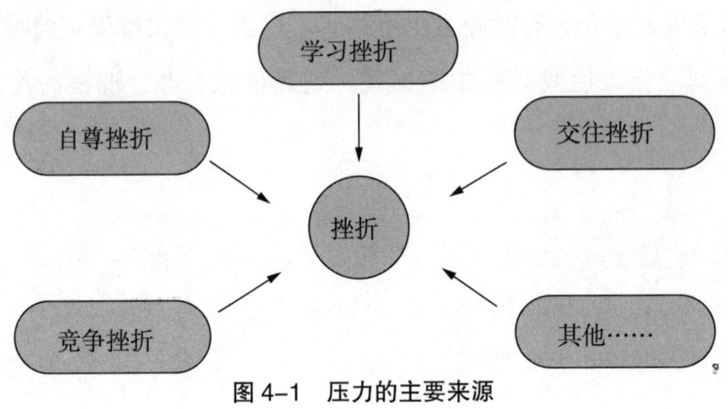

图 4-1　压力的主要来源

二、知识延伸

学者研究发现，学习压力与学习效率之间的关系呈倒 U 型（见图 4-2）。适度的紧张感有助于保持大脑兴奋，反而能够帮助个体提高学习效率。因此，只要不给自己施加过度的压力，压力本身是有利于学习与成长。

学会理智面对压力。若没有压力，人就会失去动力，停滞不前。适当的学习压力，可以激发人的干劲和潜能，提高学习效率。相反，过度的压力会使人陷入焦虑，影响学习效率和已有水平的正常发挥。因此，我们应该正确认知挫折，利用好挫折给我们带来的成长动力，并把动力转化为实际成果。

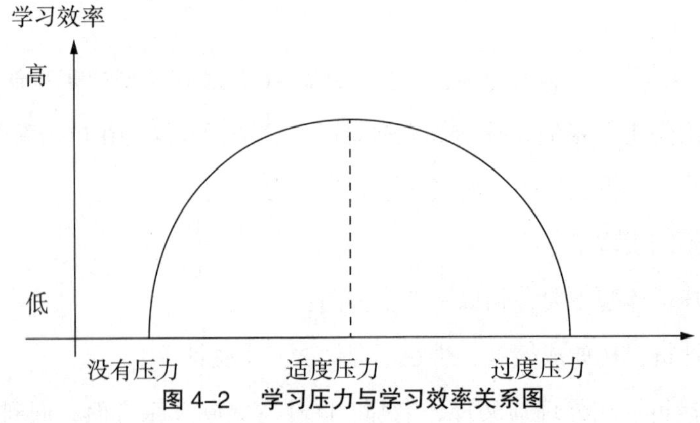

图 4-2　学习压力与学习效率关系图

三、心动行动

（一）活动一：故事续编

1. 活动目的

引导学生认识到挫折在生活中是普遍存在的，并帮助学生学会以正确的方式、积极的态度对待挫折。

2. 活动内容

老师展示故事的开端，由学生续写故事的结局。老师首先使用PPT展示来讲述一段故事，组织学生以小组为单位讨论并续编故事，最后由老师讲述真实故事的内容。故事如下：

（1）故事开端

教师讲解：2020年过年前夕，一位大连小伙想去南方某城市接女友回家。于是他带上精心挑选的礼物，拎着大包小包，踏上了南下的火车。

（2）续写故事之一：猜一猜，他成功接到了女友吗？

A. 成功了，因为有情人心意相通

B. 没有成功，可能出意外了

要求：学生快速判断并做出选择，并分享自己的看法；下同。

（3）续写故事之二：搭错站了，怎么办？

教师讲解：大连小伙误入车厢，无奈在武汉下车。身无分文的他该怎么办？

A. 到政府有关机构求助

B. 向家人求助，请他们为自己转账

C. 开展自救

（4）续写故事之三：出人意料的结局

他住在小旅店里，无意中看到当地报纸刊登了武汉医院的招工广告。他成功获得了医院清洁工的职位，每天能得到一笔收入，养活自己的同时还能服务病人。

（5）续写故事之四：我的收获

教师分享：不管什么时候遇到挫折，只要能坦然面对现实，不抱怨、不自卑、不懒惰，根据不同情况做出应变，就有可能走出困境。

活动小提示：

故事续写中，要鼓励学生以开放性的思维，多维度、多方位思考问题，畅所欲言。

3. 你说我说

（1）如果你是故事男主人公，你会采取什么方式应对挫折？

（2）从这次活动中，你学到了什么？

4. 学以致用

在学习和生活中，经常会遇到大大小小的挫折。例如：受个别同学欺负、考试成绩下降、遭遇生病、火灾等突发性事件等。有时候，看似微不足道的一个挫折就有可能引发连锁效应，甚至严重影响生活。请在接下来的学习生活中，多留意这些小挫折，尝试用积极的心态对待它们，及时消除挫折引发的负面情绪。

5. 心灵透视

挫折具有一定的积极意义。挫折既可以是磨砺人的难关，也可以是促使人的动力。“宝剑锋从磨砺出，梅花香自苦寒来”，只有在一定的压力之下，人们不服输的精神才会被完全激发出来，从而转化为提升自己的动力。挫折可以使自己对自身的实力和水平有更清晰的认知。“人贵有自知之明”，经受挫折使人们不至于盲目自信，避免因自大而陷入更大的窘境。挫折可以提高人们的心理承受能力，使人们避免在重压或重大困境中走入歧途，从而导致悲剧的发生。

（二）活动二：抗疫群英谱

1. 活动目的

了解抗疫英雄事迹，发挥模范榜样作用，在日常生活中做到调整自我心态，正确面对挫折。

2. 活动内容

以小组为单位，完成一张有关 2020 年抗击新冠肺炎疫情的海报，并在班级内进行交流展示。流程如下：

（1）示范介绍

教师 PPT 展示自制的海报“一份家书”；内容是介绍抗疫战斗中援鄂医生赵春光的故事。

（2）分发材料

各小组成员按照材料中相应人物，自行选定能展示人物特质的故事。

◎ 第一小组：医护人员；

◎ 第二小组：警察与志愿者；

◎ 第三小组：快递人员与社区干部；

◎ 第四小组：钟南山、李兰娟、王辰、仝小林、张伯礼、黄璐琦、陈薇、乔杰 8 位专家。

（3）海报制作

完成作品“抗疫群英谱”，评出班级最美作品奖。4 个小组可以通过抽签决定内容；每个小组提供 10 张左右的照片和打印好的相关文字宣传资料。

（4）小组作品交流展示

第一，展示海报。各小组把海报作品张贴在白板上。每个小组派出一位讲解员，介绍海报内容。

第二，浏览点赞。自由观看其他小组的海报作品，评选出最令自己感动的抗疫英雄，并贴上鲜花。

活动小提示：

抗疫英雄是我们学习的榜样，是宝贵的精神财富。要充分在班级分享交流并展示各小组的海报。

3. 你说我说

（1）通过这次活动，你了解到哪些抗疫英雄人物和事迹？

（2）这些人物和事迹带给你怎样的启示？

（3）如何将这些英雄事迹所带来的启示应用于自我应对挫折？

4. 学以致用

在完成海报制作并听取其他小组成员讲解海报内容后，学生有心灵的感动。请学生将活动心得写下来，并思考这些抗疫事迹对于自己应对挫折有何启发。

四、拓展阅读

以“毫厘精神”托起航天梦的“大国工匠”

韩利萍，从普通铣工、数控“菜鸟”到运载火箭技术研究院首席技能专家，她的成长和成功源于她对航天事业的热爱，她脚踏实地的责任感和一丝不苟的科研精神。中国的“航天梦”让她坚定信念和理想，攻克了一次次的技术难关，实现了一次次的工艺创新。

韩利萍出生于一个“航天”家庭，从小听到的就是和航天有关的故事。1991 年，韩利萍高中毕业后进入清华装备公司，当上铣工，成了一名真正的航天人。

“想要掌握铣削这项技能，加工出合格的航天产品，需要日积月累，不断下苦功夫。”韩利萍的师傅张建国是一名老劳模，他在韩利萍上班的第一天就给她敲响了警钟。

一次，师傅让韩利萍加工两份角钢工件。带着师傅的期许，韩利萍自信满满地站在机床前。但却因为没弄明白两份不同工件图纸上标注的实线与虚线的区别，导致工件全部报废。看着师傅失望的眼神、听着检验员责备的话语，韩利萍心中满是愧疚，“太丢人了，这件事过去好多年了，现在说起来都很难受。”

由于进厂前没经过专业、系统的职业技能学习，最初工作的日子里，如何能看懂图纸成为韩利萍面临的难题。从此，韩利萍只要有空就待在家里研究《机械制图》《金属材料与热处理》《公差与配合》等专业书籍，遇到不懂的就追着师傅和工友问。

1999 年，工厂数控加工刚刚起步，韩利萍作为首批数控操作工，开始了边学、边干、边摸索的数控加工之路。白天抱着机床操作说明书勤学苦练，夜晚自学数控专业理论知识，从初次尝试到熟练操作，韩利萍用了 3 个月时间。

对于韩利萍来说，2005 年是难忘的。当时，韩利萍正为攻克一项技术难关苦思冥想，她的女儿发水痘了，满身满脸都是小泡泡，高烧不退，白天晚上离不开人。那时班组的年轻人还缺乏经验，韩利萍一个人要承担多项工作。

幸好韩利萍家人全力支持，她全身心投入到“单位的事”中，经过坚持不懈的努力，最终攻克了技术难关。

人的一生中，所有走过的路都不会白走，付出终有回报。2016 年 6 月 25 日，我国新一代运载火箭长征七号首飞成功。听到直播画面中传来“发射成功”的声音，韩利萍和她的同事们都欢呼起来，“以前觉得自己只是一名工人，那一刻，觉得自己是和整个国家联系在一起的。”因为在长征七号火箭发射平台的 4 万个零件中，有一个关键控制零件是他们加工的。

“我对自己要求严，对徒弟、对组员更是如此，我希望他们能够青出于蓝而胜于蓝。”作为老师傅，韩利萍带徒 9 名，在“师徒结对子五步工作法”的带动下，徒弟们成长进步很大；作为班组长，韩利萍设立班组“创新基金奖”，鼓励组员发表论文、申请专利，提出合理化建议、总结先进操作法，努力打造出一支能打胜仗，人才辈出的创新型班组。

“走进新时代，我们既需要仰望天空，更需要脚踏实地。新时代是奋斗者的时代，我们要做伟大事业的建设者、做敢于追梦的奋斗者，只要勇于追梦、圆梦，没有什么不可能。”韩利萍一如既往的信心满满、严谨达观，她将在建功新时代的道路上继续追梦。

【阅读思考】

韩利萍能攻克一次次技术难关，实现一次次工艺创新，离不开坚韧不拔的努力和不畏挫折的勇气。她始终以积极的态度应对挫折，在第一次工程失败时，她没有自暴自弃、一蹶不振，而是将羞愧化为不断学习和前进的动力，下苦工学习专业知识以提升自己能力，从而在往后的工作中不再重蹈覆辙。在遇到家庭和工作冲突矛盾时，她有效地平衡了二者关系，化解两难处境。韩利萍始终以强大的意志力和对国家的热爱来对抗挫折，最终取得了辉煌的成绩。

我们也应当像韩利萍一样，胸怀报国之志并勇于付诸行动；不怕吃苦，在岗位不断进取学习。面对挫折不焦躁、不气馁，承认自己的不足并努力克服，就能从失败中走向成功。

第二节　超越挫折长智慧

千磨万击还坚劲，任尔东西南北风。

——郑燮

【目标引领】

核心素养：

◎ 职业精神：具有积极劳动态度和良好劳动习惯，具有正确职业理想和职业行为，做出正确价值判断和行为选择，在社会实践中增长才干。

◎ 健全人格：正确认识自我，学会有效学习，确立符合社会需要和自身实际的积极生活目标，培养责任感和创新精神，养成自信、自律、敬业、乐群的心理品质。

三维目标：

◎ 认知：了解挫折对个人生命的意义及价值，懂得正确面对挫折，更好地磨练意志，在挫折中寻找应对方法。

◎ 情感态度观念：缓解与调节受挫消极情绪，提升自身心理素质，努力从挫折中领悟和探索智慧。

◎ 运用：运用超越挫折的方法，建立良好自我应对挫折的心理准备以及实用的应对方式。

一、案例探索

伤心的小何

小何是某中职校三年级学生，妈妈很早就离家出走了，从小与爸爸相依为命。爸爸虽然是小区门卫，收入不高，还有腿部残疾，但是他每天都过得乐呵呵的。爸爸一直告诉女儿："日子只会苦一阵子，不会苦一辈子"。两个姑妈都没有女儿，她们非常喜欢小何，一大家子人经常聚在一起，其乐融融。

原本以为平淡幸福的日子可以一直过下去，可是却遭遇飞来横祸。2020 年新冠肺炎肆虐期间，爸爸突然脑溢血，被送进医院。医院规定每天限制探病人员，每天只有两个姑妈轮流烧好饭菜，送到医院照顾爸爸。上个月 18 号下午，小何爸爸病情急速恶化。院方把消息电话通知给小何所在院级联系人，班主任陪着小何匆忙赶到医院，见了爸爸最后一面。

从送走爸爸以后，小何总会一直默默流泪，在生活上也很少与人交往。学校的心理老师找到了小何询问状况。在老师的启发下，小何终于忍不住失声痛哭，"为什么我的命这么苦？为什么阎王要把爸爸带走？为什么爸爸没来得及等我长大？本来我想长大以后，好好工作，孝顺爸爸。这次生病，我都没有好好照顾他，他就走了……"

七嘴八舌

1. 小何生活中经历的苦难，对她的心理有什么影响？

2. 如果你是她的朋友，可以怎么帮助她？

案例透视

人生难免会遭遇挫折和痛苦。当我们像小何一样，处在困境之中时，我们需要寻求帮助、及时宣泄，采取合理的方法使自己尽快走出悲伤的泥潭，振作起来，并开始新生活。在逆境中，我们该如何调整自己心态呢？

1. 保持忧患意识

苦难常不期而至，又突如其来地降临到某个人的头上，令人猝不及防，例如地震、海啸等自然灾害，车祸、战争等不可预料的“人祸”所造成的意外伤亡。

案例中的小何，小时候遭遇母亲离家出走，现在遭遇爸爸离世，双亲离去，让他悲痛交加。也许我们没有遭受同样痛苦，但是新冠肺炎疫情也给许多人的生活带来巨大恐慌。即使我们生长在和平年代，生活在幸福之家，但是“月有阴晴圆缺，人有旦夕祸福”，每个人都应该有忧患意识，要时刻做好迎接苦难的思想准备。

2. 选择相信希望

苦难常常使人痛苦，可也往往让人学会勇敢坚强。不同的人面对苦难会有不同的选择。要学会正视苦难，不轻易向它低头，要相信苦尽甘来终有盼。2020 年逆行武汉的湖南医生赵春光说：“从武汉回到长沙，每天见到孩子，格外觉得幸福”。这说明，在苦难中人们能够对世间的美好有更深刻的体会。

3. 积极面对挫折

对于许多普通人来说，大灾大难难以预估，但生活中的挫折与失败却在所难免。失败时，人要学会坦然接受，及时调整期望水平和目标重新出发，这才是积极对待挫折的态度。智者说：“理想是追求卓越而非完美；目标可以适当定得高远，但应符合现实；过程可弯曲但不要被折断。”

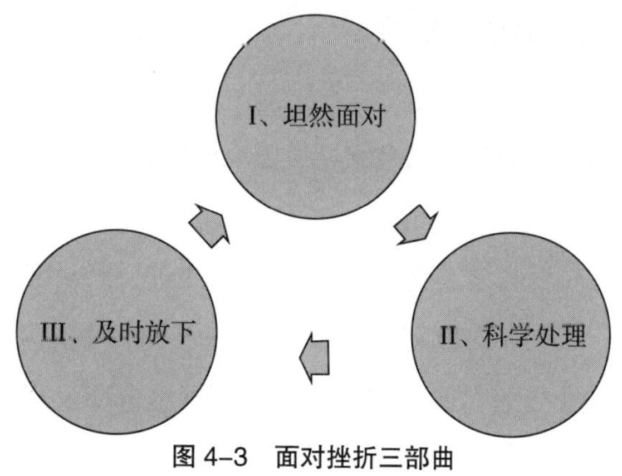

图 4–3　面对挫折三部曲

4. 保持良好心态

保持良好的心态就是善待自己。凡是能够“输得起”的人，往往能及时转变心态。他们明白挫折与失败无法避免，才会好好思考应对之策，相信下一次的成功可能就在拐角处等候。

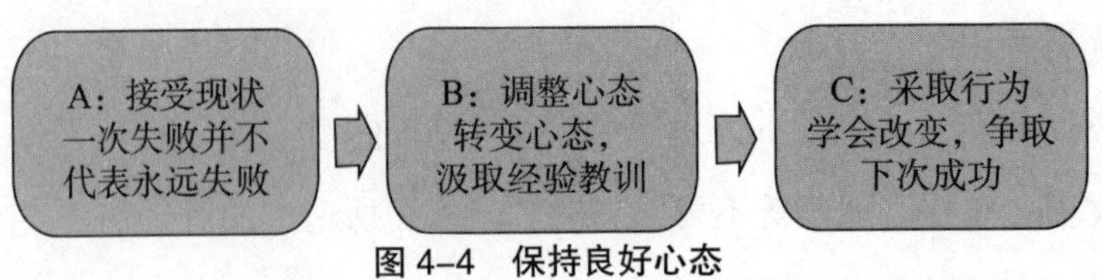

图 4–4 保持良好心态

二、知识延伸

良好的心态和正确应对挫折的态度，可以帮助我们尽快从挫折中走出来。

1. 要勇于面对。看到困难就想逃避是懦弱的行为，缩在自己的世界里不与其他人交流只会使自己的状况更加糟糕，甚至有可能引发严重的心理健康问题。

2. 要冷静处事。慌乱会削弱人的思考能力，使人的反应行为变得不够理智。遇到突发情况时一定要保持冷静，寻求正确的解决方法。

3. 要张弛有度。不能逼自己太紧，必要时可以放空自己，调节心情，再以最佳的状态应对挫折。

三、心动行动

（一）活动一：当挫折遇见美食

1. 活动目的

认识到挫折带来的正面影响，学会利用逆境成就更好的自我。

2. 活动内容

组织学生绘制“苏轼贬官之美食地图”，并在班级进行展示交流。

（1）准备水彩笔、纸张、白板。

（2）要求学生查找出贬官的地方名称、他在不同地方研发烹制的美食，以及发生在美食背后的挫折故事。

（3）小组合作，查阅资料，完成“苏轼之美食地图”（参见图 4–5）。

（4）尽量绘制得整洁美观，完成后将粘贴在白板上进行班级评比。

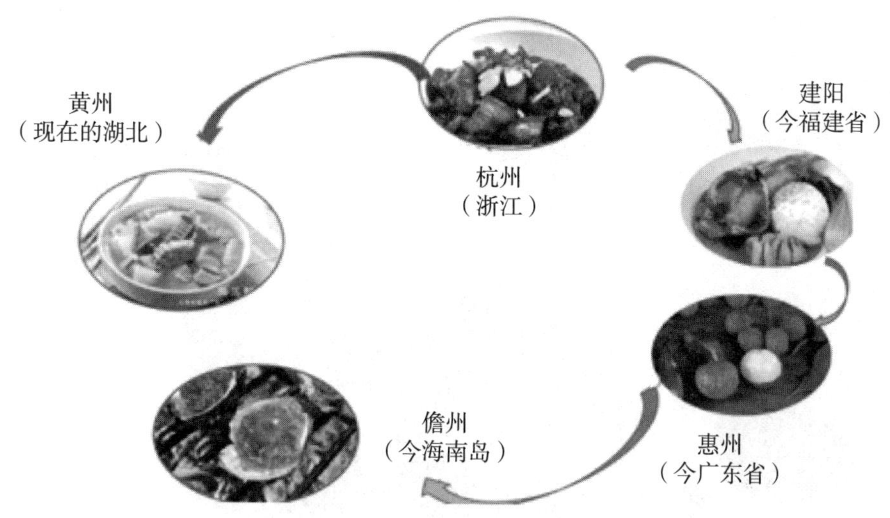

图 4–5　苏轼贬官之美食地图

3. 你说我说

（1）苏轼为什么在被贬谪之时，还能研发烹制出诸多的美食？

（2）从苏轼身上，你学到了什么？

4. 学以致用

通过“美食地图”的绘制，学生已对苏轼遭贬期间的美食小故事非常熟悉，也一定被苏轼乐观积极对待生活的态度所打动。在接下来的学习与生活中，如果遇到挫折就请多想一想苏轼的故事，苦中作乐方识乐之滋味。

（二）活动二：当挫折遇见诗词

1. 活动目的

老师引导学生认识挫折对人们创造力的激发作用；在实际生活中，学会在逆境中激励自己，迸发潜能，做到化被动为主动。

2. 活动内容

组织学生绘制“苏轼之诗词地图”，在班级进行展示交流。

（1）准备水彩笔、纸张、白板。

（2）要求学生查找苏轼贬官到各地的时间、在不同地方创造的诗词。

（3）小组合作，查阅资料，完成“苏轼贬官之诗词地图”（参见图 4–6）。

（4）每组进行诗词朗读，进行班级评比。

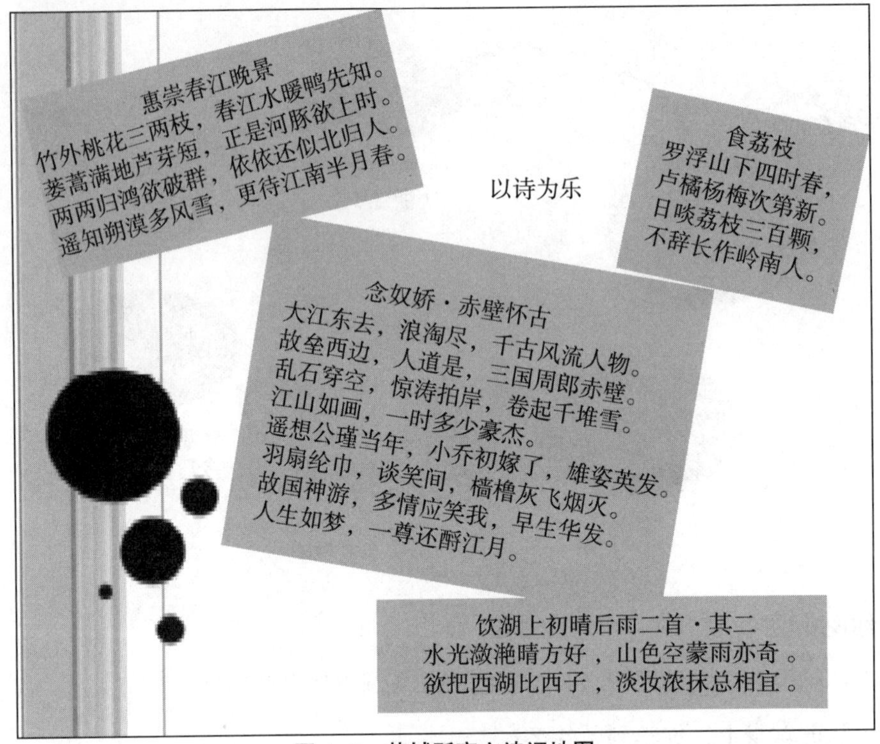

图 4–6　苏轼贬官之诗词地图

活动小提示：

1. 苏轼在每处生活过的地方，虽然遭遇苦难，但他没有自怨自艾，而是主动发现身边的美景、美食、诗词等美好的事物。

2. 苦难的果实是苦涩的，但是苦果也可能是一剂良方。范仲淹在贬官后写下了“先天下之忧而忧，后天下之乐而乐”的名句；苏东坡乌台诗案后屡次遭贬，途中游览大好河山，品尝人间美食，书画诗意人生。

3. 你说我说

（1）苏轼为什么在被贬谪之时还能创造出诸多的诗词？

（2）苏轼的哪些诗词能体现出他“乐而忘忧”的状态和乐观向上的精神？

4. 学以致用

通过“诗词地图”的绘制，大家已经积累了苏轼的大量诗词内容，其中不乏能表现苏轼乐观豁达的人生态度的诗句词句。请同学们将这些诗词找出来并记录，作为激励自己在逆境中奋发向上的座右铭。

5. 心灵透视

苏轼虽遭贬谪，但他尝尽各地美食，并加以创新，得以享受生活的乐趣；同时，贬谪的境遇激发了他强烈的创作欲，挥笔写下一首首至今广为流传的诗词佳句，给后世之人留下一大笔财富。

苏轼的经历给我们启发：遭遇挫折时，保持乐观的态度，学会苦中作乐，生活依旧可以多姿多彩。有时，挫折还能激发人们的斗志，获得意想不到的成效。

四、拓展阅读

特殊毕业季的人生大课

“这次突如其来的疫情告诉我们，生活充满不确定性……个人也一样，人的一生不可能一帆风顺，总会遇到各种困难和挫折，必须经历磨炼。”2020 年 6 月 29 日，面对“云端”的毕业生，北京航空航天大学校长徐惠彬坦言，“经历这半年的疫情，经历了这个特殊的毕业季，相信你们对生命和健康有了更深的认识，对人生和命运有了更直观的体会，对责任和价值有了更多的思考。所有的经历、收获和感悟，终将成为你的财富。”

“没有哪一次巨大的历史灾难不是以历史的进步为补偿的”。2020 年 6 月，在南开大学毕业典礼上，校长曹雪涛引用了恩格斯的话鼓励大家，他希望毕业生身怀“创新”这把“利器”，努力在危机中育新机、于变局中开新局。

因势而行，温州医科大学校长李校堃希望 2020 届毕业生能辩证地化“危”与“机”，把握好每一个重要的人生际遇。

“从一定意义上说，你们比任何一届学生多学了一门课，这门课程比任何一门课都重要。这门课程促使我们对社会制度、科技进步、医疗水平、人际关系以及人与自然的关系有了更多的思考。”在河南大学教育科学学院 2020 届本科生毕业典礼上，该校副校长孙功奇说。

“希望你们从抗疫这本鲜活的教科书中，汲取成长的力量。”武汉大学校长窦贤康结合学校和师生防疫抗疫故事，寄语毕业生要永葆爱国之心，大力弘扬众志成城的民族精神。

在清华大学 2020 年研究生毕业典礼上，北京协和医院重症医学科主治医师、援鄂医疗队医疗组组长丁欣作为医学院校友，分享了自己参与疫情防控战“疫”中的真实故事；在广州医科大学毕业典礼上，广东一院副院长、广东支援武汉协和西院 ICU 医疗队领队张挪富回顾了驰援武汉 68 天的经历，并与毕业生分享了感想……

"这么大的防控战斗，实际上对人生提出了两个很大的问题，第一是如何处理小我和大我的问题；第二是如何看待奉献和索取的关系。"在香港中文大学（深圳）2020 年本科生毕业典礼上，中国工程院院士钟南山表示，每个人都应该意识到，国家的安全、世界的安全是一个大我，是小我安居乐业最重要的前提。"只有当我们的奉献使这个社会变得更加稳定、物质更加丰富的时候，我们才会有更多的回报。"他对毕业生说，一个人活在世界上，只要他能为这个世界留下一点什么有价值的东西，就算没有白活。

"现在，我们身处于有史以来最好的年代，比历史上任何时期都更接近中华民族伟大复兴的目标。你们是这一历史进程的见证者、参与者和创造者。你们责任重大、使命光荣，希望把个人梦想融入民族梦想，转化为爱国情和报国志，在实现中国梦的生动实践中放飞青春梦想。"中南财经政法大学党委书记栾永玉在毕业典礼上寄语毕业生。

2020 年的毕业生带着祝福与希望，带着坚强的毅力奋勇前行！愿风雨之后的彩虹更加绚丽，挫折之后的人生更加幸福！

【阅读思考】

无论作为哪种角色，无论处于什么人生阶段，都有可能遭遇人生的挫折甚至苦难。逃避、愤恨并不利于问题的解决。一个人只有勇敢接纳，及时处理，懂得放下，才是智者的选择。

在遭遇失败时，我们要记住教训，找出失败的原因，学会汲取经验，以不屈不挠的意志再次尝试，相信定会有所收获。如果你不及时总结失败的原因，下次又会在同一个地方再次跌倒。当然，如果遭遇到自己所无法控制的苦难，要学会向亲朋好友倾诉，必要时要向心理医生寻求帮助。

在平时，要学会善于发现生活的美好，发掘自己的人生价值，这能帮助我们成长进步。未来道路仍然宽广，青春依旧漫长，从"新"出发永远都不会晚。

第五议题　你有哪些青春期成长的烦恼？

第一节　悦纳青春多变化

我始终记住：青春是美丽的东西，而且对我来说它永远是鼓舞的源泉。

——巴金

【目标引领】

核心素养：

◎ 健全人格：具有积极的心理品质和自尊自信、理性平和、积极向上的心态，处理好个人与他人、个人与社会的关系。

三维目标：

◎ 认知：认识青春期心理特征与性心理特点，了解个体生理及心理特点的差异以及青春期性心理的特点和规律。

◎ 情感态度观念：接纳自我青春期变化的特点与规律。

◎ 运用：正确认识和接纳自我生理和心理的特点，自主排除无端烦恼。

一、案例探索

成长的烦恼

在进入青春期后，男女两性的生理和心理会逐渐发生微妙的变化。男女生慢慢地意识到两性的差异，因此，会产生一种特殊的情感体验和主观意识，这就导致了男女生青春期性心理在不同的发育阶段呈现出不同的感受。

正处于青春期的15岁男孩安某，最近内心有了许多难以言说的烦恼。安某幼时活泼开朗，是班里的孩子王，无论男孩女孩都能无所顾忌地交往，与几位亲密的异性小伙伴也能相处自然。但随着年龄的增长，安某进入了青春期，这时的他对两性的差异变得特别敏感，开始留意并关注周围伙伴的发育变化，进而对此产生不安和羞涩的心理。这种未知的感觉让安某对有关于性方面的知识变得特别感兴趣，但又不敢公开和家人或老师讨论，只能偷偷地通过报纸杂志以及互联网获取相关的信息。渐渐地，在日常的生活中，安某只要看到异性间的亲密情景，内心就会产生新奇的感受，甚至对这种亲密关系产生好奇与冲动。因此，安某变得十分在意自己的仪容仪表，希望能够借此获得异性伙伴的关注。但因为内心的复杂情绪，安某不敢主动接近异性，导致他与小伙伴们的相处变得十分别扭。尤其是当安某面对自己喜爱的女生时，他害怕走近对方的身边，担心遭到对方的反感与嘲讽，他的眼神总是躲躲闪闪，不敢正面直视对方，表现出紧张不安、自信心不足的样子。面对这样的自己，安某内心矛盾不已。

七嘴八舌

1. 我们应该通过什么方式来了解青春期的生理差异呢?
2. 面对青春期的性心理变化，我们该如何解决?

案例透视

随着性发育，青春期逐渐成熟，青少年们开始意识到两性差别和两性关系。在青春期发育之初，青春期心理的少年会对性的差别特别敏感，男性和女性的第二性征的出现标志着性机能的逐渐成熟，给青少年带来神秘色彩。虽然他们很想了解其中的奥秘，但又羞于向别人求教，于是便开始有了自己的秘密，且不轻易向他人倾诉。这种“闭锁心理”说明了青少年的心理变化有了质的飞跃。首先，他们会进入性朦胧期，会更加关注自我生理的变化，会对两性的差别特别好奇与敏感，内心会产生新奇的感受以及容易产生性冲动。过了性朦胧期，他们的性意识便开始觉醒。随着男女生理发展的变化，第二性征明显，例如：男孩出现长胡须、喉结变大、变声等生理特征。这时青春期少年的心理会因为自身所发生的生理变化而感到迷茫、害羞，他们非常渴望了解性知识，但又羞于启齿，对自身这种变化还缺乏足够的思想准备，从而容易产生紧张不安的情绪。他们萌生了性意识后，对异性的好奇感和神秘感与日俱增，产生了越来越强烈的亲近异性的欲望。他们开始走向性成熟，对异性产生兴趣和仰慕，心里有意识地接近异性，希望获得异性的关注，同时他们会更加注意修饰自己的仪表，来彰显自身的存在。他们对异性的点评与议论也会增多，希望建立友谊，同时又存在对异性神秘、紧张、恐慌、害羞的心理。根据青春期性心理发展四个阶段的特点，每个人都会经历异性疏远——异性吸引——异性爱慕——恋爱心理过程。在性（心理）意识朦胧阶段，这个时期的男女学生开始注意男女之间的差异，两小无猜的单纯消失了，他们更倾向于与同性伙伴交往，对异性大多采取回避的态度。他们对异性有一种神秘的新奇感，表面疏远，心中却不断比较、评估差异性，滋长对异性的好感。这是在青春期成长过程中常见的也是很正常的心理现象，正确认知和悦纳青春期身心变化，了解青春期性心理对于青少年健康成长的重要性，做好青春期的引导和保健工作，有助于他们养成健康向上的生活方式。

二、知识延伸

通过正当的途径了解青春期的生理差异。例如青春期发育后，男性身材高大，肌肉结实，喉结突出，声音变得低沉粗犷，长出胡须，汗毛加重，出现遗精；女性皮肤细嫩，嗓音尖细，乳房隆起，肌肉柔韧，月经来潮。面对生理和心理的变化，处于青春期的同学们应勇于正视，认真分析，积极解决。

三、心动行动

活动一：识别成长中变化的“我”

1. 活动目的

引导学生反思自己青春期的生理、心理变化，并在小组成员的讨论中找到共鸣，体会到青春期的变化是发生在每个人身上的正常现象，需要正确认知与悦纳。

2. 活动内容

（1）观看录像并分享讨论。组织班上男女生分别观看《人体的奥秘》录像，学生前后四人一组讨论，将讨论结果写在教师发放的白纸上，限时 5 分钟。通过合作学习法、自由讨论法，引导进入青春期的少男少女；结合自身青春期变化情况及从其他渠道获得的知识，讨论自己生理、心理上都产生了哪些微妙的变化?

（2）制作属于自己的保密盒。学生制做一个自己青春专属的关怀小贴士保密盒，将自己的愿望与寄语放入，作为自己的成长纪念礼物，送给自己的青春。

活动小提示：

讨论过程中，教师作适当的鼓励与引导。讨论的结果没有对错之分，主要讲求讨论内容的真实性。

3. 你说我说

通过此次讨论，如何正确对待青春期自身心理以及生理的变化？

4. 心灵透视

青春期的生理、心理变化是我们每一个人身上都会发生的，是成长送给我们的标签礼物。只有了解、认识自己的青春期变化，才能更好地爱惜自己的身体，控制自己非理智性的冲动。了解自身的生理结构，能正确认识生殖器官，从而减少产生的神秘感，在男女同学相处时，做到相互帮助、互相勉励、共同进步，最终建立真诚的友谊。

四、拓展阅读

心理学家罗杰斯的青春轨迹

1902 年，卡尔·罗杰斯生于芝加哥近郊的橡树公园。6 个孩子（其中 5 个男孩）中，他排行第四。他父母亲的家族于 17 世纪就横越大西洋来到美国。因此，罗杰斯是土生土长的美国人，一位本土的美国心理学家。

罗杰斯的家庭有着浓厚的宗教气息，不准喝酒、不准跳舞、不准玩牌、不准看电影，社交活动也很少。但这个家庭成员之间非常亲密，父母对子女的幸福十分关注，这是一个充满“爱”的环境。不过，罗杰斯似乎并不太喜欢这样的环境。

罗杰斯从小身体健康状况不太好，个性也有些多愁善感。他是一个比较孤独寂寞的小孩，不太善于与同伴交流。于是，阅读渐渐成了他整个生活的重心，无论知识与能力，同龄的小朋友都无法望其项背。

1914 年，罗杰斯 12 岁时，全家搬至芝加哥以西 30 英里的一个很大的农庄。一来，其父瓦特满足了自己想拥有一座农庄的愿望；二来，可以让青春期的儿女避免繁华都市的诱惑。罗杰斯本人比较相信父亲的第二个动机。

整个中学阶段，罗杰斯的交友纪录几乎为零。直至中职毕业，他总共才有过两次约会的经历。不过，农庄的生活给了罗杰斯对农业科学进行实验的机会——他对飞蛾与鸡群都深入了解了一番，并且从中得到了满足与乐趣。是的，他学会了匹配对照组与实验组，从而研究哪种食物对肉产量或奶产量产生了影响。当然，他还从那些农作物身上看到了自我实现的倾向。也许，正是农庄的生活，让罗杰斯上大学时选择了康斯威辛大学的农学院。

他早年想要成为一名农学家，后来改变志向，立志成为基督教牧师，然后又转向心理学，成为一名举世闻名的心理学家，并且是一位杰出的治疗师和促进世界和平的工作者。

【阅读思考】

在罗杰斯的心路历程中，我们看到他在青春期也有自己的短板，但他运用自己的长板，通过自己的努力奋斗，完成了不一样的心路历程。青春期的性生理和性心理变化，使少男少女的感情世界经历大起大落的巨变，充满了希望、惊喜和平安，能够更好地认知与悦纳自己，走过人生旅程的人，当他回顾的时候，总会留恋珍贵的花季。

第二节　青春烦恼变无忧

“每个人，无论男女，到了一定的年龄都要谈恋爱，要过家庭生活的。但是，树上的果子是熟的好吃，还是生的好吃呢？人也像果子，要是长得成熟，有了学问，会做工作，又有养育孩子的能力，就好比果子成熟了，那时候就可以得到真正的幸福了。要是书还没有学习好，工作能力没有培养好，谈恋爱会有好处吗？”

——陶行知

【目标引领】

核心素养：

◎ 健全人格：正确对待自我、他人和社会，调控情绪，处理好个人与他人、个人与社会的关系。

三维目标：

◎ 认知：观察自我心理烦恼，了解异性交往学习生活中的重要性。学会积极选择，战胜烦恼，超越自我。

◎ 情感态度观念：学会正确处理青春期的爱慕心理，正确对待异性之间的友谊。

◎ 运用：学会正确处理青春期异性交往引起的烦恼，掌握异性交往的特点、一般原则和方式方法，正确处理与异性同学之间的关系。

一、案例探索

小安的“解语花”

正处在青春期的中学生们，对两性关系存在着极大的好奇心。这让他们更加喜欢接触同龄的异性，遇到不顺心的事找异性倾诉，加之普遍存在的独生子女孤独、脆弱、与父母有代沟等现象，孩子们更容易出现对异性的情感转移与依恋的情况。

安某在参加了老师组织的学生活动之后，对男女生青春期的身心变化有了更多的了解，在日常学习生活中，逐渐恢复了与异性小伙伴们的正常交往。性格活泼开朗的安某是个表现力很强的男生，从小就喜欢唱歌、演讲。由于在小学时各方面表现突出，老师们对他关爱备至。上中职后，安某在激烈的竞争中表现出不适，“强手如云”的班级里，他不再是以前那个“集万千宠爱于一身”的佼佼者，这对于过去拥有十分优秀履历的安某来说是难以接受的。安某的不再“闪耀”，对于他的父母来说也是一件难以接受的大事，心急的爸爸妈妈不断给他加压，每天要么不说话，要么话语间离不开学习。渐渐地，安某觉得与爸爸妈妈无法交流，在家里变得沉默寡言。此时，同桌小雪同学注意到了安某的颓丧，她经常帮助安某解决学习上的问题，与他交流谈心。随着时间一天天过去，安某觉得身边有了一朵“解语花”，他的苦闷、心事都有了倾诉的地方，安某和小雪的关系愈发亲密，二人形影不离。这种亲密的关系使得安某将全部的注意力放在小雪同学的身上，导致其上课无法专心，学习成绩直线下降，小雪同学也感觉到了安某的变化，便有意地疏远他。安某用尽各种方法，也无法让小雪同学“回心转意”，老师与家长多次与之谈话，压力骤增，安某的内心充满了失望、无助与苦恼。

七嘴八舌

1. 说说为什么安某会出现这样的性情骤变？
2. 如果你是安某，你会怎么解决这个问题？

案例透视

青春期孩子随着体内激素分泌旺盛，开始对异性产生很大的兴趣，对异性同学有关注，这属于正常的现象。中学生青春期恋爱有以下特点：一是朦胧性，对两性间的爱慕似懂非懂，不知何为爱；二是单纯性，只觉得和对方在一起很愉快，缺乏成年人谈恋爱对家庭、政治、经济等多方面的理性考虑；三是差异性，表现为女生发生早恋的情况较早、较多，可能与女生发育相对男生较早有关；四是不稳定性，随着各方面的不断成熟，理想、志趣、性格等方面的变化可能引起情感的变化；五是冲动性，缺乏理智，往往遇事突发奇想、莽撞行事。对于安某而言，与异性的交往是既充满欢喜而又充满苦闷的过程，正常的异性交往使自己在情绪上有了调整，学习上有了进步，是对自己有益处的。但后期由于对对方的爱恋，常常因为对方的有意躲闪而造成情绪变化；由于青少年自我控制能力差，往往无心学习，成绩下降，加上父母、同学、老师关注的压力，造成了自己的心理失衡。

青春期男女生的交往不仅是正常的，而且是必要的。不仅有利于学习进步，也有利于个性发展，更有益于青少年身心健康成长。心理学的研究和实际观察发现：青春期交往范围广泛，既有同性知己，又有异性朋友的人，比那些缺少朋友，或只有同性朋友的人的个性发展更完善，情绪波动小、情感丰富、自制力较强、心理健康水平较高，容易形成积极乐观、开朗豁达的性格。但是，男女生的交往如果不能很好的把握“度”，处理不当，不仅影响学习，还会影响身心健康。因此，异性交往中应该注意的原则是：自然大方原则、适时适度原则、集体原则、尊重原则。

二、知识延伸

进入青春期，对异性产生好感，是正常而美丽的事情，但是我们要正确对待男女同学之间的情感问题，要慎重对待、理智处理。正确把握与异性交往的尺度，树立正确的交友观。

三、心动行动

（一）活动一：听歌共议——十六岁花季与青苹果乐园

1. 活动目的

通过聆听歌曲，了解不同时期心理、生理的特点以及变化。

2. 活动内容

播放《十六岁的花季》《青苹果乐园》两首歌曲，就这两首歌曲所表达的含义以及聆听后的感受进行讨论。

3. 你说我说

喜欢这两首歌吗？请学生表达自己对这首歌的感受，并让学生列表写出“自己心目中受异性欢迎的男女生的特点”。

4. 心灵透视

就像歌中所反映的，随着年龄的增长，特别是到了青春期，大家的心里就会产生对异性的好奇，希望接近异性、了解异性，这是青少年心理发展的必然过程。而且正常的异性交往能够使大家彼此之间互想弥补，例如：女孩的语言表达能力较好，男孩子的数学能力强；女生善于形象思维，而男生则综合概括能力强。如何取长补短，这就需要男女同学在相互交往中形成互补，这样既有利于刺激智力的发展，也有利于各自的心理成熟，为今后适应社会奠定基础。另外，正常的异性交往不但可以丰富人际交往经验，而且可以增强自信、自尊、自爱、自强的个性品质。但男女同学之间的交往并不是可以任意发展的，要掌握一定的尺度，才能让人受益匪浅，否则往往适得其反，会造成很多困惑和苦恼。

（二）活动二：青春“爱”的烦恼剧场

1. 活动目的

引导学生端正男女之间交往的心态，学会正确处理两性交往过程中的问题。

2. 活动内容

假设自己为情景剧的主人公，遇到以下情况，你会作出怎样的抉择？

第一幕

小雨是某班班长，成绩十分优秀。小刚是她的同班同学，开朗幽默，两人曾是校友。进入中职，刚好同班，两人自然要亲近一些；再加上班里工作需要，两人经常一起交流、讨论工作学习中遇到的问题。慢慢地，他们发现彼此很投缘，也有不少共同点，就经常在一起打球、下棋、聊天等，两人都对对方充满了好感，相处愉快。没多久问题就来了：同学们开始在背后议论，甚至开他们的玩笑；班主任也开始关注他们，找他们谈话。此时，他们该怎么做？

A. 继续保持良好的关系　　　　B. 保持一定的距离

◎ 如果选择 A，怎么保持正确的交往关系？

◎ 如果选择 B，如何调整从紧密关系到保持距离关系的心态变化？

第二幕

小雨和小刚觉得他们只是好朋友，没有恋爱，就继续保持交往。后来随着两人交往的深入，关系越来越亲密，也出现了一些状况：上课老走神，不能集中注意力，脑海中老出现对方的身影或在一起的美好时光。此时，他们发现自己已经陷入了爱恋中，两人的成绩也下降了。家长也要求他们终止交往。他们很矛盾，该怎么做？

A. 继续发展　　　　　　　　　　　　B. 暂时中断关系

◎ 如果选择 A，该怎么处理学业及各方面的压力？

◎ 如果选择 B，如何中断，以后怎么相处？

第三幕

真情难得，小雨和小刚不想分手。面对各种压力，两颗心靠得更近了，只是形式从“公开”转入“地下”。他们越走越近，关系日渐亲密，周末一起逛街、上公园等。一次，小刚家中刚好没人，便邀请小雨到家里玩。两人从聊天到亲吻到拥抱，不知不觉。后来小刚提出了发生性行为的要求，小雨很苦恼，不知道怎么办？

A. 接受　　　　　　　　　　　　B. 拒绝

活动小提示：

无论作出何种选择，都要清楚自己所要承担的责任与义务。

3. 你说我说

女生：面对小刚的要求，你认为小雨应做什么样的选择？如果她选择 A，要注意什么？选 B，该怎么拒绝才合适？

男生：如果小刚被拒绝了，他应该怎么做？

4. 学以致用

动脑动手填表 5-1，并互相交流感受。

表 5-1　异性交往的各阶段表现

交往方向	男女友情	中学恋情	爱情
交往目的			
对象范围			
稳定性			
情感体验			

四、拓展阅读

爱情也能成为促进学习的动力

近日，许多高校一方面为告诫不务正业的大学生情侣，在教室贴上“恋爱墓地”等警示标语；另一方面，为鼓励大学生情侣陪伴学习的热情，许多高校还专门设置

"情侣专坐"等学习场所，让爱情成为促进学习的动力。学生切不可沉迷于爱情的冲动和喜悦之中，学习是学生的天职，聪明的人不仅把学业放第一，而且还能够处理好爱情与学习的关系，甚至还可以将爱情转化为促进学业成功的动力。

《律政俏佳人》讲述了这样一个故事，艾丽是个人见人爱的俏佳人，她拥有美丽的金发，是女生联谊会的主席，大学里的校花，还是一个活泼健康的阳光女孩。沃纳是政治家族的接班人，也是学校里最酷的帅哥，朗才女貌，他们顺其自然的就展开了轰轰烈烈的恋爱。一阵热潮之后，就在艾丽以为她会成为沃纳新娘的时候，沃纳竟提出了分手，分手理由是金发美女，虽然漂亮但没有头脑，他和艾丽分手之后，又和旧女友重归于好。艾丽为了挽回她的爱情，也为了向沃纳证明她不仅有美貌而且还有智慧，于是她跟着沃纳去了哈佛政法大学。但是哈佛法学院不是个好玩的地方，在那里艾丽所有在行的玩意都没有，在那些高深莫测的学生精英堆里，开朗外向的艾丽竟成了一个不折不扣的另类，四处碰壁，甚至还要不断遭受沃纳和她旧女友的奚落。艾丽并没有被这些困难打败，在出尽洋相之后，艾丽在一桩谋杀案辩护中证明了自己的实力，也向沃纳证明了她是个才貌双全的俏佳人。

艾丽的故事告诉了许多在花季的学生，聪明的人会坚持学业第一，爱情第二，以学业巩固爱情，让爱情推动学业；聪明的人，敢于正视失恋，重新振作，乐观面对爱情风雨，自信创造爱情彩虹；聪明的人，能够正确处于爱情与学业的关系，让爱情成为人生的滋养，成为学业的支撑。

聪明的你已经读懂了"学业"与"爱情"吗？爱情与学业有时的确会存在一些矛盾，但是只要聪明的你能够正确处理他们之间的关系，其实，爱情也能成为促进学习的动力。

【阅读思考】

青春的漫漫历程之中，难免会对他人产生些许情愫，但是大家应主观地控制并理性地与异性交往，用交流促进性格的丰富化，适当的交流自然能使男女的性格优势互补，但需明白花开待有时。

第六议题　如何做情绪的主人?

第一节　悦纳情绪“暴风雨”

能控制好自己情绪的人，比能拿下一座城池的将军更伟大。

——拿破仑

【目标引领】

核心素养：

◎ 健全人格：积极情绪的体验及有效情绪管理。

三维目标：

◎ 认知：了解情绪的基本类型，理解情绪的积极作用和消极作用，懂得调控情绪的重要性。

◎ 情感态度观念：树立正确的情感态度，正确认识自己、评价自己的情绪。

◎ 运用：掌握积极情绪的体验及有效管理方法，更好地适时适当正确表达个人情绪。

一、案例探索

我的苦恼谁能知

在青春期，青少年的情绪起伏往往过于强烈，容易出现两极性，他们通常意识不到自己负面情绪的泛滥，不知道如何良好地处理自己的情绪，也不了解如何调控情绪，这成为摆在许多青少年面前的难题。

初中二年级的女学生王某，15 岁正值青春期，与过去的温柔文静不同，王某感觉到，随着年龄的增长，自己变得越来越容易冲动，思考问题逐渐两极化。在学习上，王某会因为学习成绩的一点小起伏就大喜大悲，将成绩看成衡量自己成败的唯一标准；在生活中，王某往往控制不住地过于在意同学们的看法，他人对自己的一举一动都能被其看作是表达喜欢或者厌恶的方式。因此，王某变得格外敏感多疑，情绪波动极大，在认为自己不受同学喜欢和与同学关系很好之间来回摇摆；除了自身的敏感多疑，王某的父母也给了她很大的压力，父母对王某寄予的希望过高，教育方式粗暴——警告孩子学不好就转去较差的学校。诸多因素导致王某和父母经常爆发冲突与争吵，经常自我否定，认为自己辜负了父母的期望。长此以往，王某甚至有了离家出走的念头，负面情绪经常不受控制地出现，成绩上的自卑与自负循环交替，友情上的敏感与脆弱交织缠绕，家庭关系的压力与冲突，这些都让王某的内心十分苦恼与不安。

七嘴八舌

1. 我们应该如何控制自己的情绪？

2. 如果你是王某，你会怎么做？

案例透视

青春期伴随着心理的发育、激素的分泌，情绪容易出现过度兴奋，学业任务突然加重，青少年要面对很大的竞争压力。随着年龄的增长，他们渴望对外部社会有更多的了解，人际交往逐渐增多，接收到的信息量纷至沓来，需要青少年掌握更多处理问题的能力。但是青少年的大脑神经机制并没有发育健全，自我调节能力尚需提高，因此面对各种压力和刺激，很容易产生严重的心理不平衡。由于青少年没有拥有成年人善于控制情绪的强大能力，因此，经常处于喜怒皆形于色的状态，便会很容易表现出情绪忽高忽低，极其不稳定的状态。在青春期，青少年自我定位不是很清晰，会产生对自我价值的认知不明确，衡量标准模糊的情况，进而他们可能将成绩看作衡量自己价值的唯一标准，产生自卑、自信极端化的情绪反映。因此，我们应该着力引导青少年在产生焦虑自卑的情绪后，发现衡量价值的多样化，发现自己身上的闪光点。在人际问题上，由于青少年脱离了过去以家庭关系为主的人际交往形式，表现出更强的自主性，过分渴求在新型同学人际关系中的认可度，不敢、不善于表达自己的不满情绪，有时会演变为讨好型人格，易产生负面情绪并无处发泄。因此，要注重引导青少年意识到个体的独特性，激发表达欲望，不将产生的负面情绪压抑，用适当的情绪宣泄途径处理。青少年宜用温和沟通的方式表达自己的情绪，认识到负面情绪是无法避免的，情绪激动时说出的话往往不是内心深处的想法。重点在于通过适当释放负面情绪来缓解心理压力，而不是情绪过激，产生不理智的行为。同时父母也应该改善与孩子的沟通方式，允许孩子向父母倾吐负面情绪，并加以疏导，而不是一味采取粗暴强硬的态度，从而建立良好的家庭支持系统建设。

二、知识延伸

掌握合理的情绪调控方法，提高情绪管理能力。

1. 表情调节。愤怒和快乐的脸部肌肉使个体产生相应的体验，愤怒的表情可以带来愤怒的情绪体验，所以当你烦恼时，用微笑来调节自己的情绪可能是个很好的选择。

2. 人际调节。人与动物的区别在于他的社会属性，当情绪不好时，可以向周围的人求助，与朋友聊天、娱乐可以使你暂时忘记烦恼，与曾有过共同愉快经历的人聊天也能产生快乐的感觉。

3. 环境调节。美丽的风景使人心情愉悦，当情绪不好时可以选择一个环境优美的地方，在美丽的大自然中，心情自然而然会得到放松，还可以去那些曾经让你开心的地方，会促使你想起愉快的事情。

4. 认知调节。人之所以有情绪，是因为对事情做出了不同的解释。每件事情不同的人观点不同 就会产生不同的情绪反应，所以大家可以通过改变认知来改变自身的情绪，比如说在为了某件事情烦恼时，可以对事情进行重新评价，从另外一个角度看问题，改变之前刻板的看问题方式。

三、心动行动

活动一：与自己的情绪交朋友

1. 活动目的

通过观看《微笑的力量》的短片来感受积极或消极情绪所带来的影响，使学生学会及时识别与管理情绪，不能压抑无视自己的消极情绪，要去积极调控不良情绪。

2. 活动内容

老师组织同学将每周以来产生的负面情绪及可能的原因写在纸条上，将纸条放入暗箱中，形成若干小组，每组派出一名代表，从暗箱中抽取一个问题。教师教授学生运用回避法、转视法、宣泄法、自嘲法、心理换位法、升华法、自我暗示法、自我鼓励法等心理学常用情绪疏导的方法。大家群策群力，运用老师教授的情绪疏导法，帮助消除抽取到的纸条上所写的负面情绪。最后按照小组顺序进行展示。

3. 你说我说

讨论消除负面情绪的方法，以及如何管理自己的情绪。

4. 心灵透视

人是情感动物，有着不可避免的七情六欲，所以每个人都有可以沮丧伤心的权利，不开心了可以哭，生气了可以闹，这都是很正常的事情，允许自己有沮丧伤心的权利。但是要直面负面情绪，给自己设定一段合理的“宣泄”时间，并找出能帮助自己释放情绪的有效方式。

四、拓展阅读

学会做情绪的主人

对于学生而言，学业压力是客观存在的。一般来讲，学生对将要面临的竞争压力和就业压力是没有过多心理准备的，对自己今后事业的发展也过于理想化。这种理想和现实的差距给学生的心理上造成了很大的反差和压力，当面临学业失败，肯定会有一种危机感，产生一定的心理波动，这也是很正常的。但用伤害别人或伤害自己的手段来处理问题的人，在他们的成长过程中往往是缺少爱别人、被别人爱的能力和经验的。因此，从学校的教育、家庭的教育、社会的教育入手，侧重引导他们从小培养热爱生活、热爱自己、热爱他人的能力。2003 年年初，即将从浙江大学农业与生物技术学院毕业的周一超，参加了嘉兴秀州区公开招聘的公务员考试。考试中周一超一路过关斩将，在区政府招收 9 名公务员中，他的笔试排名第三，面试后总成绩排名第五。周一超认为自己肯定会被录用了。然而，周一超的体检结果是乙肝小三阳，这就意味着他将因为体检不合格而被淘汰。没有接到录取通知书的周一超，无法容忍自己的“前程被毁”，他认为是招考的人事干部毁了他，此时的周一超心理除了疯狂的报复欲望外，已经容不下任何理智。4 月 3 日，当得到准确的答复后，疯狂的周一超拔刀刺向了招考的人事干部，造成一死一重伤的悲剧。叹息之余，回顾周一超的心路历程，不难发现，周一超生长于单亲家庭，12 岁丧父，是靠母亲省吃俭用、含辛茹苦一手抚养成人的。在校读书期间，周一超是同学及老师心目中的优秀学生、班干部，多次受到过奖励。应该说，周一超走过的路还算平坦，一路上，少有挫折，他对自己的期望值高，急于求成，回报心理太强。

【阅读思考】

青春，像刚冒尖的嫩芽，前面是看不完的青春灿烂，与此同时，需要把握自己的情绪，才能够健康成长，抽枝发芽，撑起自己的蔚蓝天空。

第二节　情绪主人巧担当

一个人如果能够控制自己的激情、欲望和恐惧，那他就胜过国王。

——约翰·米尔顿

【目标引领】

核心素养：

◎ 健全人格：自我调节和管理情绪，做到自立、自强、坚韧乐观，提高心理健康水平和职业心理素质。

三维目标：

◎ 认知：了解因情绪问题而产生的困扰，理解、调节情绪，管理情绪与健康成长的关系。

◎ 情感态度观念：学会合理的情绪表达方式与管理策略。

◎ 运用：掌握合理的情绪表达与管理方法；合理运用调控情绪的有效方法和途径，建立自我良好的情绪管理策略。

一、案例探索

叛逆的小王

伴随着青春期的到来，许多青少年出现叛逆心理，情绪也变得容易极端化。这是出现在青少年中的普遍现象，情绪的大幅度波动往往会伴随着极端行为的产生，因此，有时需要一定程度的心理辅导。

在老师的帮助下，王某逐渐认识到了自己个人情绪波动过大，也积极地尝试了各种情绪疏导的方法。起初，王某的内心获得了一些平静与安慰，但是随着几次考试成绩的不理想，王某与父母的关系愈发紧张，起初她还能压抑着自己的焦躁，几次连续的争吵过后，王某逐渐放弃了抑制自己负面情绪的蔓延的机会，这导致她将不利的情绪直接带进了学校生活，不仅和同学之间经常产生摩擦；王某在面对老师的教导时，表现出很强的反抗性，与学校里的老师经常发生冲突，每当老师批评她时，她眼睛瞪着老师，一副不服气的样子，甚至还和老师顶嘴；在家里与父母相处时，也经常因为小事冲父母发脾气，几乎很少能够与父母心平气和的沟通。王某似乎在用争吵宣泄着自己内心的烦躁与不快，这种做法使其与老师、父母之间的关系不可避免的走向恶化。

七嘴八舌

1. 如果你是王某，你会怎么做?

2. 从父母、老师的角度，该如何帮助王某?

案例透视

许多青春期的青少年，都对老师和父母长辈有一种逆反心理。在这个时期，他们常常会把家长、老师、长辈对自己的批评纠正和指出错误理解为与自己过不去、看不起自己、打压自己，认为这样的做法是伤害自己，因此可能会表现出较为明显的逆反，对老师和父母有抵触情绪。深究造成这种情况的原因，主要是父母家庭教育方式不当，没有很好地引导孩子消解抵触情绪。孩子表现出对学习的消极情绪，对老师也有一定的抵触情绪时，双方缺乏有效地沟通。该同学正处于青少年阶段，有着典型的半幼稚、半成熟的特点，这就导致在面对问题、冲突时，容易产生错误认知。同时，该同学也没有意识到自己的负面消极抵触情绪可能导致整个事件的恶性循环，应该对自己的负面情绪加以管理，建立合理认知，转移注意力或积极对话疗法，与家长和老师的主动配合建立有效沟通，让家长对这一阶段的青少年有更全面的认识；鼓励孩子倾吐情绪，学会接纳孩子的负面情绪，争取创建民主开放的家庭环境，合理对待孩子的诉求，不挫伤孩子的情绪表达欲。老师也给予其宽容与理解孩子的负面情绪，并且给孩子正确的积极情绪引导。青少年要清晰了解青春期心理特征，了解并接纳自己，避免负面极端情绪可能带来的危害，学会自我调节，学会接受他人意见，积极找父母、老师沟通，减少抵触情绪，积极管理情绪，避免情绪冲突。

二、知识延伸

作为家长、老师，要用正确的方法引导青少年控制好自己的消极情绪，主动关心他们的情绪变化，加强与他们的沟通交流，及时提供有效的帮助。

青春期的孩子们应当了解情绪的特征，产生负面情绪时学会自我调节，多与身边的交流，学会听取他人的意见，学会控制自己的情绪。

三、心动行动

活动一：我的情绪我做主

1. 活动目的

进入青春期的中学生，他们不善于情绪控制，情绪具有明显的冲动性和极端性，容易在受到外界刺激时，出现各种剧烈的情绪反应。因而，需要根据其情绪起伏大的特点加以疏导，促使消极情绪向积极情绪的转变；另一方面，指导学生进行自我情绪调节，培养和保持愉快乐观的心态。

2. 活动内容

（1）老师准备 6 个关于基础情绪的四字成语。

（2）每组推选一名同学上台表演成语，可以采用任意形式，但不能说出成语中的任何一个字。

3. 活动要求

（1）表演的 5 位同学能够恰当的表现出词语所代表的情绪。

（2）在坐的同学能够正确的辨认出别人所传达的情绪。

活动小提示：

同学们可以通过识别对方的面部表情（比如眼睛、鼻子、嘴角、眉毛）、身体动作（手脚）、听得到的语言（语气、语调、语速）来觉察对方的情绪。完成游戏进阶版：喜怒哀惧这四种基本的情绪类型又可以衍生出多种复杂情绪：比如惊喜、悲愤、啼笑皆非、悲喜交集等，要求同学进行表演。

4. 你说我说

通过表演情绪，直观感受情绪带来的影响，学会控制情绪。

5. 心灵透视

情绪表演将各个情绪直观地展示在大家眼前，锻炼同学对不同情绪的感知和识别能力，进而加强对情绪的了解，学会用合适的方式控制自己的情绪。

四、拓展阅读

情绪惹的祸

缺少沟通与交流而陷于自闭与偏狭，这容易导致极端负面情绪。处于负面情绪之中的人，如果能够主动求助，是非常好的一件事情，凡是那些主动求助的同学，大都能在很大程度上得到改善，从而能够防范很多偏激行为的出现。马某杀人是一个突发事件，但马某负面情绪的积淀已久。由于家境贫寒，加之对自己容貌不自信，马某自卑心极强，它从不主动与别人一起分享快乐，有了委屈和烦恼也是一个人郁结于心。如果当初他能够及时地说出自己的想法，向同学求助，来自外界的帮助或许能使他尽早调整自己的情绪，摆脱偏激的想法，5 个家庭的悲剧就不会上演。

人际关系的不和谐也可以诱发过激的负面情绪。2004 年 7 月 9 日 6 时许，在北京外国语大学，广西籍女孩罗某因琐事与该校成教学院 28 岁的女学员李某发生争执，产生了报复心理。罗某持刀猛刺李的胸、颈、肩、背及上肢等部位十余刀，李某因被刺破心、肺致急性失血性休克，在送往 304 医院途中失血过多不治而亡。据罗某的同学介绍说，罗某与李某曾共同居住在一个房间，两人因为一些琐事产生过矛盾，后来罗某搬到隔壁房间居住，矛盾并未化解。北京市一中院审查，认为现有证据不能证明李某对事件的发生负有责任。而且案发后罗某本人并未采取任何救助措施，其犯罪手段凶残，性质极为恶劣，情节、后果特别严重，依法必须严惩。根据罗某的亲属讲，罗某曾是孩子们学习的榜样，是家中的希望，是学校公认的好学生。庭审中，罗某很后悔自己做过的事，一切的发生似乎连她自己都有些措手不及。但后悔怎能让事情重新来过。

【阅读思考】

学着控制和调节情绪，就是学着提高对自己身体的掌控能力；做到我的情绪我做主，也就做到了能把握情绪带给自己的积极影响。

第三部分

立足专业　谋划发展

【卷首语】

进入中职学校，同学们首次选择与学习特定的专业，各个专业都具有明显的技术性和职业性，但仅代表在校“我学了”的毕业证书，并不能变成企业“我会了”的通行证。中职生应了解所学专业现状，明确职业岗位对提升从业者心理素质和职业素养的更高要求，解读新时代工匠精神的内涵，掌握提升职业素养的方法，从日常生活做起，培养专注认真、精益求精的品质，自觉成为工匠精神的传承者和弘扬者。

大勇不惧，攻苦食淡，坚持勇往直前；
大术无极，专业学习，保持永不停歇；
大巧破难，转换思路，激发奇思妙想；
大艺法古，先辈经验，善于取其精华；
大工传世，工艺传承，牢记奋斗初心；
大技贵精，磨炼技艺，做到游刃有余；
大道无疆，求新思变，激发内生动力；
大任担当，贴近国情，培育自我成长。
工匠精神，是浮躁社会中的一颗定心丸，
精益求精，是追求个人价值的一针强力剂。

第七议题　我的专业对社会有什么作用？

第一节　了解专业明起点

天生我材必有用

——李白

【目标引领】

核心素养：

◎ 职业素养：能够正确认识和处理社会发展与个人成长的关系，并做出正确价值判断和行为选择，在社会实践中增长才干。

◎ 健全人格：培养责任感和创新精神；树立正确职业理想，培养职业兴趣，提高适应社会、应对挫折、求职就业的能力。

三维目标：

◎ 认知：了解所学专业现状、发展趋势及其社会价值，理解提升职业素养的重要性。

◎ 情感态度观念：认同所学专业，树立立足专业成才的信心。

◎ 运用：能分析本专业对应的职业群、岗位要求及职业素养，并根据职业要求主动学习相应的知识技能。

一、案例探索

立足专业，顺势而为

小黎在一所职高完成了服装设计与制作专业的相关课程。该专业的毕业生既可以参加高职高考，继续深造学习，也可以进入服装相关行业从事设计、制作、销售、策划等方面的工作。毕业之后，小黎初步选择进入相关行业就业，并很幸运地被一家服装公司录用，成为一名服装销售员。

在销售服装的过程中，小黎发现自己对衣服款式、色彩与搭配有独特的品味与灵感，时常获得客户与同行的赞赏。他逐渐发觉自己在服装设计方面的天赋与兴趣，加上之前相关课程的学习也积累了一定基础，于是他志愿向一名服装设计师转型。他从设计助理做起，经过努力，终于顺利转型成为了设计师。

在工作和社会交往中，小黎发现自己有从事同行业的同学、有积累的服装生产商与客户资源，现在又具备了设计能力与资格，为何不把资源聚合利用起来？于是他开始联络规划，寻求自主创业的门路，并又一次实现了完美转型。从个体工作室开始，到成立小服装公司，规模逐渐扩大，在多个地区开办了数家服装直销店。

七嘴八舌

1. 小黎的专业与职业选择有何联系？

2. 小黎一次次转型成功归因于什么？

案例透视

小黎在就业过程中持续学习，不断尝试转换职业发展路径，最终实现了自我发展与社会价值。每位中职生未来都会有很多发展路径与无限的可能，而发展职业生涯要从所学的专业起步。中等职业学校的专业是根据社会分工需要而划分的，具有明显的技术性和职业性，做到了学校专业为学生职业服务，而学生职业对学校专业起导向作用。每个专业既可以对应一个职业，也可以对应一个专业群或几个相关的专业群。

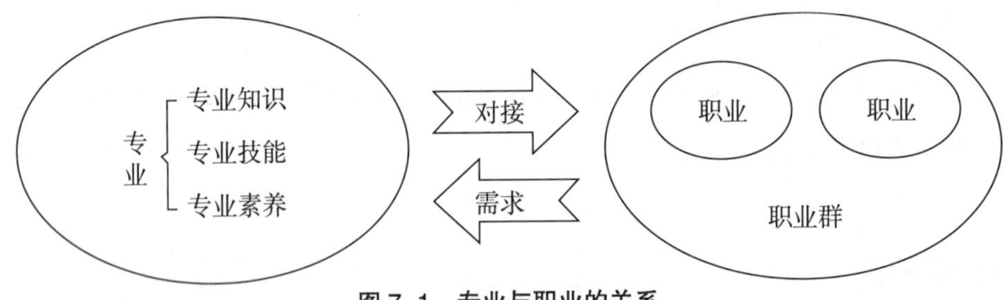

图 7–1　专业与职业的关系

1. 专业学习，铺垫基础

小黎同学从毕业初选成为服装销售员、转型做服装设计师、变身服装公司创业总裁。他的职业发展路径均于专业所学相关，扎实的专业学习基础为自己后期的成长发展提供了选择的资本与条件。对于中职生的职业生涯发展来说，所学专业对应的职业群有两类：适合中职生横向发展的职业生涯群和适合中职生纵向发展的职业群。

2. 横向通道，起步选择

横向发展的职业群主要体现为首次就业时择业面的拓展或今后可能转岗的职业，往往能为个人的职业生涯发展带来机会，日后可通过继续学习不断更新、提高知识、技能水平。小黎所学的是服装设计与制作专业，该专业的毕业生可以从事服装相关行业，从事设计、制作、销售、策划等方面的工作。他在毕业时的首次就业就如愿进入了服装销售领域，选择了所学专业对口的横向发展职业。

3. 纵向通道，灵活转换

纵向发展的职业群主要体现为技术或职务等级的提升，或是引起社会角色变化的职务、职业转换。以小黎为例，他后期的纵向发展既有从设计助理到设计师——技术等级的提升；也有从企业雇员到企业老板——身份的转换。

综上，个体职业生涯发展的横向通道与纵向通道之间可以相通，也可以相互转换（见图 7–2）。我们同一专业的学生虽在毕业时对口相同的职业群，但也会有很多不同的选择。每个人的未来发展都不是一成不变的，因而要活到老、学到老，抓住机遇，不断提升突破，创造更加璀璨的未来。

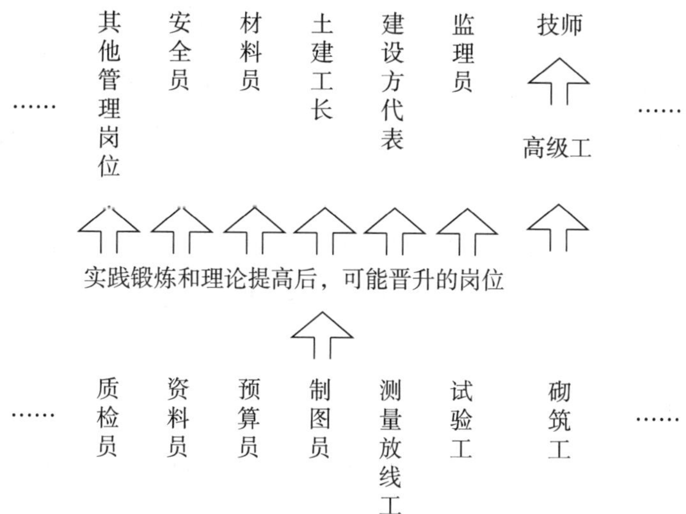

图 7–2　工业与民用建筑专业的职业群示例图

二、知识延伸

中职生未来会成为在各个领域大展身手的卓越人才，我们往往会根据所学的专业选择相应领域施展才能，因而明确专业方向是个人职业发展的起点。

（一）专业包容职业。在这种情况下，个人的职业发展一直在所学专业的领域内，选择的职业与学习的专业相吻合，才能够做到学以致用。

（二）专业与职业交叉。以专业为基础发展职业，个人的职业发展在所学专业基础上有重点地沿某一方向拓展。所学专业在个人职业发展中仍有重要意义，需要在职业生涯规划的指导下，在学好本专业的基础上，同时辅修或自学规划要从事的其他专业课程。

三、心动行动

（一）活动一：金牌专业我最强

1. 活动目的

通过小组分析讨论，探究各个专业对应的职业群以及对应的岗位。

2. 活动内容

各个专业均有相对应的一个或多个专业群，每个学生都可以寻找到自己未来意向从事的某个专业与某个岗位。在此给大家提供一些专业对应的方向，我们分小组查阅资料，填补本专业所适应的横向职业群与对应岗位，上述数量最多者成为金牌专业最强小组。

会计专业的毕业生：可在各类企事业单位、社会中介机构从事会计核算、出纳、收银、统计、跟单、税收协调、审计监督、财务管理、文员等工作。

旅游专业的毕业生：可在旅游社、饭店酒店、航空公司、商业领域从事导游、公关、文秘和管理工作。

计算机专业的毕业生：可在各类公司企业、政府、社区、学校担任编程程序员、应用程序员、软件测试员、数据库管理员、网络工程师、网络安装调试员、文秘等工作。

……

活动小提示：

要充分了解目前专业发展趋势与行业态势，才能更准确地分析本专业对应职业群，能够以专业为起点，对其给予认同并充满信心，为未来职业生涯发展做好铺垫。

3. 你说我说

（1）每个专业均有对应的职业群，提供多种选择，你的专业能够从事哪方面的工作呢？

（2）“三百六十行，行行出状元”，你心中喜欢的岗位有哪些呢？

4. 学以致用

请同学们搜集相关专业与招聘信息，咨询师长，了解所学专业对应的相关职业与系列岗位，完成图 7–3。

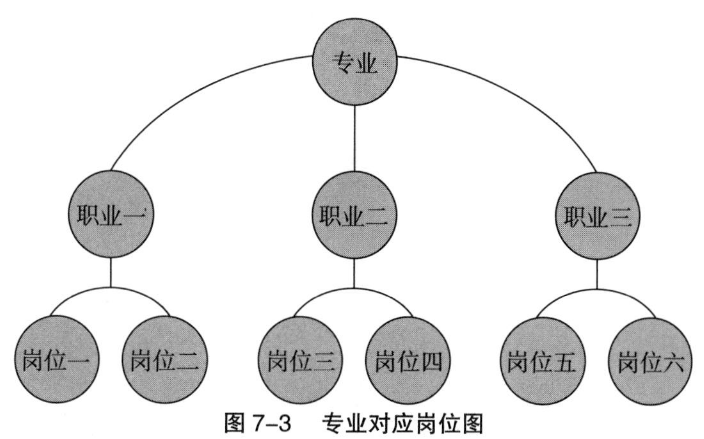

图 7–3　专业对应岗位图

（二）活动二：发展通道我最多

1. 活动目的

通过列举职业发展路径以及一些岗位的上升通道，让每位学生思考自己未来可能的职业发展路径与上升通道。

2. 活动内容

初选的发展通道只是起点，能够为我们提供更多继续学习、更新丰富知识、提升技能水平的机会。每个学生的职业生涯发展应该是持续积极的、动态的、向上的。在此给大家提供了职业发展的主要路径与一些岗位的上升通道，请各位同学查阅资料，猜想一下未来可能选择的发展路径与上升通道，看看哪位同学是专业小达人。

数控专业：中级工、高级工、技师、高级技师；

导游：地陪、全陪、外联系人、计划调度员、部门经理；

会计：初级职称、中级会计师、高级会计师、注册会计师；

……

活动小提示：

“心动不如行动，行动才有成就”，我们如何从所学专业出发，明确方向，制定规划，让职业理想扬帆起航呢？

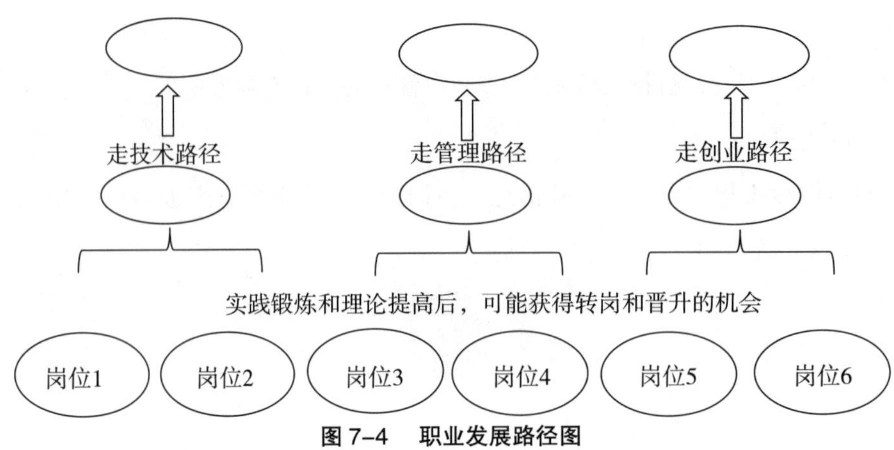

图 7-4　职业发展路径图

3. 你说我说

（1）每个岗位都有自身的发展路径以及晋升机会，你的专业可以选择哪些发展方式呢？

（2）每个岗位都有自身的发展路径，你更倾向于哪一种呢？

四、拓展阅读

规划突破，从未止步

从知名节目主持人到制片人，从传媒界到商界，杨澜一次次成功实现了人生的转型。这绝不仅仅是幸运所致，就像她所说的："一次幸运并不可能带给一个人一辈子好运，人生还需要你自己来规划"。

第一次转型：央视节目主持人

1990 年，杨澜以其自然清新的风格、镇定大方的台风及出众的才气，在央视《正大综艺》节目主持人选拔中脱颖而出，便自我定位要做一位有头脑的主持人。毕业后，在该节目的四年主持生涯中，她开阔了眼界，更确立了未来发展方向：做一名真正的传媒人。

第二次转型：美国留学生

1994 年，杨澜决定辞去央视的工作，去美国留学。谈起这段生活，她说："有些人遇到的苦难可能比别人多一点儿，但我遇到的困难并不比别人少，因为没有一件事是轻而易举的，需要经历的磨难和挫折，一样儿也少不了。"业余时间，她与上海东方电视台联合制作了《杨澜视线》，同时担当策划、制片、撰稿和主持的角色，实现了自己从最底层"垒砖头"的想法，借此实现了从一个娱乐节目主持人向复合型传媒人才的过渡。

第三次转型：节目当家人

1997年回国后，杨澜加盟凤凰卫视，《杨澜工作室》正式开播。这两年，她既是主持人，也是当家人，自己做选题、负责预算，组里所有的柴米油盐，均要精打细算。这种经济上的拮据使她知道如何在最低的经费条件下，把节目尽量完成到什么程度。

第四次转型：经商创业者

1999年从凤凰卫视退出，2000年3月，她突然收购了良记集团，更名为阳光文化网络电视控股有限公司，成功地借壳上市。与大多数商人的低调不同，杨澜选择了始终站在前面宣传报道，这种对传媒资源运用的驾轻就熟，使得她的公司成立之初就有了许多优势。

第五次转型：重做传媒人

2006年底，杨澜正式宣布放弃从商，重回文化圈，相继主持了《杨澜访谈录》等节目。从体制内到体制外，从主持人转变为独立电视制片人，从娱乐节目到高端访谈，再到探讨女性成长的大型脱口秀节目。这一次转型，又令人耳目一新。

杨澜说："在各种角色不断转换过程中，我就是想看看自己到底能飞多高。"

【阅读思考】

正所谓"万变不离其宗"。无论如何转、如何变，杨澜始终把自己定为"传媒人"，聪慧的她很清楚自己就是这块料，所以从没有偏离做媒体这个大方向。而她的变化就在于她制定的目标层次一直在提高。依托强项和兴趣，而飞多高往往是个人努力和客观环境的综合结果。因此，一个好的职业规划，需要具备可行性、可量性，需要有实施计划的具体措施和时间。但是，职业规划做得过细、过于严格，会束缚自己的手脚，可能丧失随时到来的种种机会，又会因为不切合实际而丧失可操作性。在影响职业生涯的许多因素难以预料的这种情况下，要使职业生涯行之有效，就必须使规划具有足够的弹性，在实践中不断进行评估和调整。结合环境条件，针对未来的发展方向，不断地调整职业规划，这就需要我们在实践中定时、定期去检验目标完成的情况和评估环境的变化，从而做出正确的调整。

第二节　找准定位提素养

每一个行业都各有各的道德。

——恩格斯

【目标引领】

核心素养：

◎ 职业精神：树立崇尚劳动、尊重劳动的意识，弘扬劳动精神；弘扬劳模精神和工匠精神，营造劳动光荣的社会风尚和精益求精的敬业风气；具有积极劳动态度和良好劳动习惯。

◎ 健全人格：培养责任感和创新精神，正确认识自我，学会有效学习，确立符合社会需要和自身实际的积极生活目标。

三维目标：

◎ 认知：了解科技发展与产业升级对从业者素养提出的更高要求；明确职业岗位对从业者心理素质和知识技能的要求；理解提升职业素养的重要性。

◎ 情感态度观念：提升从业者需要全面发展心理素质和知识技能素质的能力。

◎ 运用：能结合新时代对从业者的要求，明确个人素养提升目标。

一、案例探索

精修专技，强化素养

小黎同学从毕业后成为服装销售员、转型做服装设计师、变身创业服装公司总裁，实现了从“小鸡”到“凤凰”的华丽蜕变，是幸运宠儿的偶然眷顾，还是个人努力的必然结果呢？

在做销售时，小黎一直坚信“销售中所卖的唯一产品就是自己”，努力想办法把每个工作细节做到最好，初入职场便迅速成为该岗位上的佼佼者。但她并没有满足于保持销售业绩，而是认识到：想成为优秀的行业工作者，更需要不断了解厂家的设计理念、产品材质、风格款式与群体定位，熟知顾客群体的品味喜好与潮流追求，这使她在短时间内逼迫自己学习色彩搭配等相关知识，钻研市场调研数据，向资历深的前辈讨教经验。数日的勤奋努力，不但提升了个人的专业能力，也让她发觉了自己在服装设计方面的天赋与兴趣。于是开始去参加相关的培训，夯实美学基础，日复一日地设计练习服装效果图和款式图，并努力考取了必备的设计师、CAD 制版师等职业资格证书，继而才转型成为服装设计师。此外，借力人脉资源的长期积累，有幸成为脱颖而出的创业者。

小黎能够保持如此持久的耐力与热情，与良好的自我约束习惯、常规身体锻炼与适时的心理调节分不开。一切看似水到渠成，实则是脚踏实地的精心打磨。

七嘴八舌

1. 小黎的成功转型到底是运气还是努力的结果？

2. 全面发展心理素质和知识技能素质对职业发展的重要性体现在哪些方面？

案例透视

科技发展和产业升级对从业者素养提出了更高的要求，想要成为一名成功的职业人，就必须要不断提升职业要求的综合品质，并形成符合职业要求的作风和习惯。在日常学习和实践工作中，从业者要持续保持提升自身的身体素质、专业素质、思想道德素质与心理素质。小黎职业生涯的持续发展，源于她在各个方面的长期积累与磨练，在她的身上展示出了该行业从业者过硬的职业素养。

1. 思想政治素养育灵魂

“销售中所卖的唯一产品就是你自己”，努力想办法把每个工作细节做到最好，是小黎作为一名平凡工作者的理念原则。从业者在工作中具备认真负责的道德素质与恪尽职守的信念是持续发展的永久动力，很多用人单位更看重学生有没有责任心，能不能按工作规章制度做事，工作技能是否能很快就学会，而人的素质的塑造需要花更多时间和心血。

2. 科学文化素养厚基础

职业学校专业课程的学习为小黎就业奠定了知识基础，而她在工作岗位上对厂家设计理念、产品材质、顾客品味喜好、潮流追求等知识的自我学习与补充丰富，也为职业生涯的可持续发展提供了条件。在日常生活中，积累科学、文化知识，主动对接社会发展，养成学习新事物的习惯，是在学习型社会中每位生存者的必备素养。

图 7–5 从业者素养要求图

3. 专业技能素养强本领

宽厚扎实的专业知识与娴熟高超的操作技能是小黎不断转型、获取从业资格、提升发展所不可或缺的硬性条件，是她在该领域追求行业领先水平所必需的专业能力。所谓“术业有专攻”，每个岗位上的从业者之所以称为“专业人员”，正是其岗位工作所需专业本领的独特之处，中职生未来也可以在专业知识和专业技能方面展现出我们的过人之处。

4. 身体心理素养做支撑

小黎能够保持如此持久的耐力与热情，是以她日常体能训练所打造的健壮体魄与强韧内心为基础的，一次次的自我重塑与打破，若自身没有过硬的身心素养，只能空有心而力不足，在她身上我们都应该学习这种坚持的毅力、不怕失败的勇气和乐观面对的心态。

二、知识延伸

1. 一个合格的职业人，要不断提高自身的职业素养。成功不是偶然，是日复一日知识的积累以及综合能力的提升，促成量变为质变。

2. 明确职业岗位对从业人员的心理素质以及知识技能的要求，根据自身情况不断学习，努力提升综合素质。

3. 专业对口往往是用人单位选聘时的筛选条件，但技能的强弱却不是能否获得聘任的单一决定条件。用人单位会通过多种方式，全方位了解求职者，从业者要具备符合岗位需要的综合素质，即职业素养。

三、心动行动

（一）活动一：看谁招得妙

1. 活动目的

使学生从活动中了解到企业在招聘员工时的要求。

2. 活动内容

小组合作，成立公司，搜集网上同类公司的招聘资料，设计本公司的员工招聘海报（样式不限），设计完成之后，公开展示，民主投票选出优胜设计奖、最佳创意奖、最具实用奖。

活动小提示：

了解岗位人才需求，顺应科技发展和产业升级对从业者素养提出的更高要求，全面发展自身的心理素质和知识技能素质，才能成为新时代具有竞争力的从业者。

3. 你说我说

（1）企业在招聘职员，发布岗位时会考虑哪些方面的要求呢？

（2）每个同学既要有员工的踏实勤干，又要具备老板的眼界谋略，若你是老板，会选择什么样的员工呢？

4. 学以致用

请同学们模拟成立公司，发布相关职位的招聘信息，设计一份海报，海报要求：

（1）设计新颖有创意，贴近生活；

（2）海报内容包括公司名称、招聘岗位、招聘要求、工资待遇等；

（3）体现出公司最关注的具体素质要求。

（二）活动二：看谁长得好

1. 活动目的

通过列举对比从业者所需的职业素养，让学生们了解自身需要具备的各项职业素养有哪些，帮助他们根据职业发展要求来明确自我学习目标。

2. 活动内容

小组合作，填写本专业对应的职业从业者所需具备的各项职业素质，种植育苗，然后通过提供训练路径，施肥添加养分，组对 PK，赢的一组添加果实，输的一组削减枝叶，最终评选出繁茂之树。

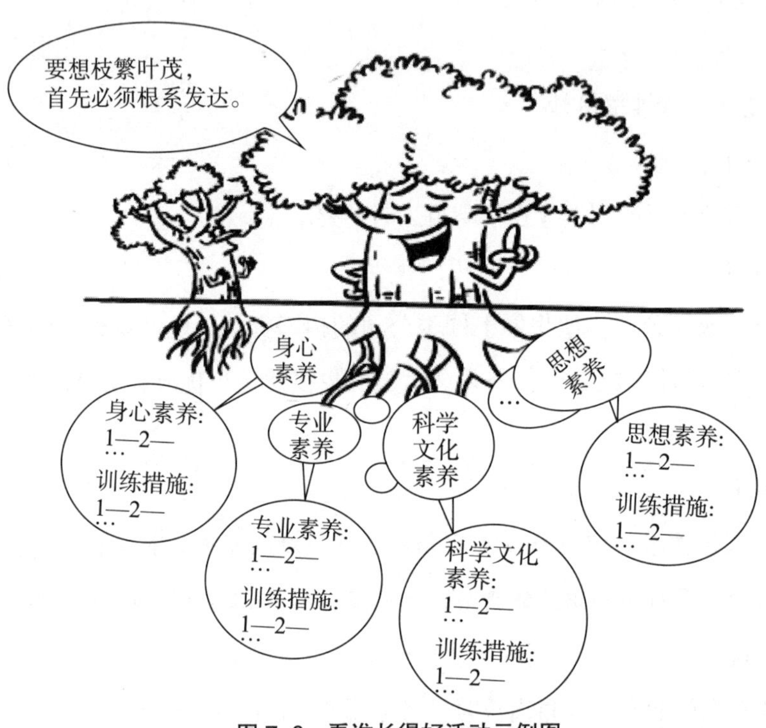

图 7–6　看谁长得好活动示例图

3. 你说我说

（1）不同岗位的职业素养有何区别？

（2）假如你是老板，从业人的哪些职业素养是你所认为不容忽视的？

活动小提示：

每位同学都手握职业生涯之树的幼苗，如何根据根须需要，不断积累养分，将其浇灌培育成繁茂大树呢？

四、拓展阅读

指纹磨没了的汽车模具钳工

模具是工业之母，汽车模具的精度决定汽车车体的质量，模具上的一点瑕疵会致零件批量报废。李凯军是一汽集团模具钳工班班长，19 岁进厂，在模具钳工岗位一干就是 20 多年。他始终追求的就是精度，凭借对工作近乎痴迷的热爱，不仅在单位家喻户晓，并且蜚声行业内外，成为技术工人的杰出代表。

钳工工作 80% 以上是靠手工来实现的，要想做好需要具备两个基本功，一是手要稳，二是要有足够的体能。李凯军每天做 400 个俯卧撑，20 多年滴酒不沾，基本功练得最狠时楞是把指纹磨没了，就是要练到你一出手，你干的那个东西就是跟别人不一样。

李凯军谈到，他的工作目标是追求极致，在他的脑海里没有最好，只有更好。有一次，一位加拿大的客商找到一汽，要订做一套 22 吨的汽车油底壳模具，并说这是他们在中国寻找的最后一家汽车模具厂，如果达不到要求，就放弃在中国生产。这句话一下就激起他的斗志，这种压力不仅仅是为一汽争夺一份订单，也是国家的一个荣誉，他要让老外看看我们中国的制造水平。李凯军领着徒弟们起早贪黑干了 4 个月，仅抛光一个工序就用了 30 天，交货的前一天下午发现两个模具合拢不平行，误差达到 0.16mm。通常，模具只要超过了 0.08mm 的误差，那么这个模具就要往外呲铝。每股跑出来的铝液都相当于一颗子弹，它的危险性很大，如果出现这种情况，意味着整个装配就是失败的。虽然此时距离客户验收时间只有 16 个小时，有人说这么大的一个模具，1000 多个零件的组合，这点误差很正常，但他坚持必须拆开这个模具，一边拆一边排查。最后，李凯军找出一个模块，肉眼无法看到的凸起面，一点一点打平、抛光，终于在规定的时间里完成了任务，李凯军的模具平面度达到了 0.02mm 的误差范围以内，准备放弃在中国生产的加拿大客商当即追加 800 万元订单。这让他感觉到自我的人生价值得到体现，因为他的存在，企业得到了订单，我们没有让外国人小看，我们为中国争光，今天李凯军制作的汽车发动机缸挺模具已经达到世界一流水平。

【阅读思考】

“变不可能为可能”的李凯军，靠的不仅是对极致的不懈追求，更是常人想像不到的艰苦努力。作为一个以手工操作为主的模具钳工，必须要有一般人难以企及的专注和严谨，才可以做到精准地去控制一把锉刀。这正是工匠精神的完美体现，工作中不仅要具有高超的技艺和精湛的技能，而且还要有严谨、细致、专注、负责的工作态度和精雕细琢、精益求精的工作理念，以及对职业的认同感、责任感、荣誉感和使命感。

同样，国家建设工程的有序推进，社会经济发展能够动能不断，离不开能工巧匠和劳动者的智慧与创造，各行各业岗位上从业者自身过硬的职业素养，是不断推动经济社会可持续发展的动力条件。

第八议题　大国工匠是如何练成的?

第一节　工匠精神伴我行

“他们耐心专注，咫尺匠心，诠释极致追求；他们锲而不舍，身体力行，传承匠人精神；他们千锤百炼，精益求精，打磨中国制造；他们是劳动者，一念执着，一生坚守。”

——《大国工匠》

【目标引领】

核心素养：

◎ 职业精神：弘扬劳模精神和工匠精神，坚定通过职业发展实现人生出彩的信心，实现中华民族伟大复兴的中国梦。

◎ 健全人格：具有积极心理品质和自尊自信、理性平和、积极向上的心态，做到自立自强、坚韧乐观，提高心理健康水平和职业心理素质。

三维目标：

◎ 认知：了解大国工匠的感人事迹，知晓新时代工匠精神的内涵。

◎ 情感态度观念：树立吃苦耐劳、劳动光荣、精益求精、追求极致、引领创新的工匠精神。

◎ 运用：通过分析大国工匠的精神品质，激发学生主动、积极弘扬工匠精神的自觉行为。

一、案例探索

技能巧匠，国宴新秀

35 岁的徐佳杰，凭着一把刻刀，已经接触中国“最高级别的饭局”15 年了。2003 年从职校毕业，2005 年入职上海新锦江大酒店，主攻厨师界相对冷门的食品——食品雕刻。他坚信：熟能生巧、巧能生精，厨师这行，只要多做，就一定能做得好。

2006 年，徐佳杰的作品——一只小小的绶带鸟，就已登上外宾招待会。一开始他很兴奋，毕竟能让那么多外宾欣赏自己的作品。没过多久就开始紧张起来了，他感觉自己技艺还是不够成熟，与其他师傅相比仍有一定的差距。当时徐佳杰的作品还只是作为宴会的小摆件，颜色和花色都比较单一。于是，他就在想：能不能再做大一点、丰富一点？想要雕刻作品变大，那就不能只有一只鸟或几朵花这么简单了，从颜色的选择搭配，到不同组件的组合，再到整个作品的立意，整体的要求就会提高几个档次。于是，徐佳杰开始抽空找灵感，有一次去杭州游玩时，他发现西湖边的地板每隔几块就会有一片青砖雕刻，他就绕西湖一圈，将它们逐块拍下来。后来他去苏州参观园林时，也拍下园林里别致的景象。回来后，徐佳杰就把看到的青砖浮雕和苏州园林，融入到自己的作品当中。

在徐佳杰看来，创新十分重要。如果一直停留在原本的位置，那就是倒退。对于作品的每个细节他都会细致认真的对待。以孔雀的翅膀为例，以前是用南瓜雕刻，整体性比较好，不过颜色单一。于是他设计在南瓜之上加一层青萝卜皮，再加一些萝卜，这样整个翅膀就会靓丽灵动起来。他每一次做任务的作品都和原来不一样，都会有一些新的元素加进去，来提升整个作品。

虽然他有多次接待经验，练就了纯熟的雕刻技艺，但每次为大型宴会准备“艺术作品”，徐佳杰都会先手绘草图，比对效果后再付诸实践，最终使这些作品都有“画”一样的效果。

七嘴八舌

1. 在徐佳杰身上，我们可以学习到什么？

2. 徐佳杰的成功对我们职业生涯的发展有何启示？

案例透视

工匠出于平凡而创造伟大，精于工，匠于心，品于行，工匠精神的魂就在于有一颗精益求精的匠心。在徐佳杰身上，我们看到了行业新秀的工匠精神，用万分的严谨、专注、务实和精益求精，追求达到极致的效果。

1. 执着专注，精益求精

熟能生巧、巧能生精，厨师这行，只要多做，就一定能做得好，徐佳杰用 15 年时间始终如一的坚持，不断探索，专注钻研，掌握了纯熟的雕刻技艺，也创造了自己的人生传奇，铸就了“大国工匠”的职业高度。他一生只做一件事，全身心投入，认真做好每一个细节，从专注做到极致，工作不再仅仅将是谋生的手段，而是终身研修的事业，视责任为使命，在创作工作价值的同时，实现自我价值。

2. 作风严谨，爱岗敬业

雕刻工艺的每一个细节和环节都要求必须培养细心、严谨的好习惯，高要求、严标准才能呈现出灵动的餐品。徐佳杰对于每个细节都会细致认真地对待，以孔雀的翅膀为例，在形好的基础上，也会做细微的改变，使其更加靓丽。严谨作风应成为青年人对自我工作实践的要求，怀揣认真做好每一件事的心态，踏踏实实做好本职工作。

3. 传承创新，勇于突破

徐佳杰意识到创新的重要性。他不断在自己的作品中主动融入新的元素，运用精湛的刀工，增添文化创意，讲述中国故事，凸显中国特色。所谓工匠，均虽有专长，却谦恭低调；虽在行业领先，却不满现状，以往已做到极致，未来把新技术吃透、消化、吸收再重新突破，始终处在敢于求新、不断探索、追求突破的状态之中，这是他们毕生的习惯。

作为未来的从业者都要对职业有敬畏感，对工作有执着心，从坚守本分做起，执着专注，精益求精，不断尝试探索，始终保持一颗积极向上的学习心态。

二、知识延伸

1. 树立正确的劳动观，培育精益求精的工匠精神。

2. 一旦选好职业，必须全心投入到工作中，必须爱自己的工作，千万不要有怨言，必须穷尽一生磨练技能，这就是成功的秘诀，也是让人家敬重的关键。而这就是工匠精神最纯真的呈现。

三、心动行动

活动一：我是某某小主播——我为 XX 工匠代言

1. 活动目的

通过观察搜集身边的工匠故事，了解大国工匠的感人事迹，感悟工匠精神。

2. 活动内容

围绕“工匠精神”开展直播讲说活动，组织同学分组合作搜集工匠事迹和工匠故事。由班级学生来做主播，邀请大家走近“大国工匠”，解读“何为工匠精神”。按照5人为一组自行组队，每组准备3～5分钟即兴讲说，在班级直播间在线展示，并评选出最佳主播代言人。

3. 你说我说

（1）“大国工匠”是指坚守在平凡岗位上，以实际行动践行工匠精神的所有辛勤劳动者，你搜索到有哪些令人为之敬仰的劳动者呢?

（2）你会如何讲述他们不平凡的奋斗故事呢?

4. 学以致用

请同学们结合身边的真实案例，阐释平凡劳动者身上的匠心匠艺，选题要求：

（1）所选对象具有代表性，事迹真实；

（2）明确案例自身所具备的工匠精神；

（3）内容丰富，演说流畅，具有感染力。

活动小提示：

何为工匠，工匠是有工艺专长的匠人；何为工匠精神？工匠精神是指从业者不仅具有高超的技艺和精湛的技能，更要有专注负责、精益求精、严谨细致的工作态度和工作理念，以及对职业的认同感、责任感、荣誉感和使命感。

四、拓展阅读

追求99.99%极致目标的大国工匠

从技校毕业生到高级工人技师，金川集团公司金属冶炼厂提纯班班长潘从明，用23年时间铸就了“大国工匠”的职业高度，他的操作精度是99.99%的极致目标，不能有万分之一的差错。

严格：寄予年轻人深厚期望

在徒弟李倩看来，师父潘从明是个在平时相处中和蔼可亲，但在工作中非常严格、严厉的人。潘从明对于他们工作中一些细节的操作要求和标准是非常严苛的，不能有一丝懈怠，师父的敬业精神和严谨的工作态度永远值得大家学习。

潘从明认为一些年轻孩子做事情沉不下心来，在工作中容易出错。从废渣变成液体，从液体变成贵金属，每一种贵金属提取要经过20多道工序，有200多个技术控制指标，有些渣变成液的过程中若加入了相关的杂质元素，到后续工序不但不能达到精密标准，还会引入新的杂质。

创新：为了 99.99% 的极致目标

99.99%，是铂族贵金属出厂的标准纯度。镍矿废渣里的铂族贵金属含量极低，提纯 1 克如此高纯度的贵金属，需要用 60 多种化学试剂，对至少 5 吨的镍矿废渣反复萃取，直至脱除万分之一的杂质，才能生产出 99.99% 的稀贵金属产品。潘从明的团队就是将曾经堆积如山的废渣，变成浑浊的液体，再让藏身在色彩斑斓水滴中的铂族贵金属，乖乖地“列队”流淌进成品槽中。在贵金属世界中不断探索的潘从明认识到，如果不求创新、不思进取，大的工艺就很难有变化。今年他研发了一项铜伴生贵金属提金余液中铂钯高效提取技术，在不引入新杂质的情况下对工艺进行了优化，能够直接从有价金属液里面提取铂钯产品。

初心：踏踏实实做好本职工作

潘从明始终保持共产党员的先锋本色，始终坚守着共产党员的初心。他出生在农村，进入金川集团公司，并且有这样一份工作，他非常珍惜。他的初心就是认真做好每件事，踏踏实实做好本职工作。但实际上，在通向稀贵金属提纯的路上，潘从明从来没有、也永远不会满足于兢兢业业干好本职工作。国家所需的贵金属 90% 还依赖国外，他感觉身上的担子很重。在以后的工作中，他想继续多做研发，尤其是做好从废旧二次资源中回收贵金属的技术研究工作。另外，要做好技术传承，发挥好传帮带作用，为贵金属行业培养更多优秀的人才。

【阅读思考】

潘从明对待工作、对待专业严谨细致、精益创新、坚守本心，是每位工匠在实践工作中的自我要求。作为新时代的技校学生，更应该向潘从明学习，学习他身上吃苦耐劳、精益求精的精神和品质，学习他坚定不移、始终如一的工作劲头，学习他不忘初心，不受外界诱惑，一步步走下去的坚韧与执着。工匠精神，贵在执着坚持，贵在追求卓越。每个工匠人都要对职业有敬畏感，对工作有执着心，践行“工匠精神”，就从本职工作做起，营造“劳动光荣、技能宝贵、创造伟大”的时代氛围与风尚。

第二节　实践体验育匠心

如果每一个中国制造的背后，都有这样一位追求极致完美的工匠，中国制造就能够跨过“品质”这道门槛，跃升为“优质制造”让更多的中国产品在全球市场释放更加耀眼的光芒。

——《大国工匠》

【目标引领】

核心素养：

◎ 职业精神：具有积极劳动态度和良好劳动习惯，增强遵守职业道德和提高职业技能的自觉性，在实践中养成良好职业行为习惯。

◎ 健全人格：正确对待自我、他人和社会，学会有效学习，培养责任感和创新精神，树立正确职业理想。

三维目标：

◎ 认知：探讨新时代工匠精神的培育方法，掌握提升职业素养的方法。

◎ 情感态度观念：感悟高技能人才追求卓越的优良品质。

◎ 运用：践行工匠精神，从日常生活做起，培养专注认真、精益求精的品质，自觉成为工匠精神的传承者和弘扬者。

一、案例探索

玩转刀尖的国宴大厨，始于公交车上的土豆雕花

厨师是一个勤行，有很多年轻厨师会在下班和休息时间里苦练技艺。但你可曾想过，哪怕在回家的公交车上，也能练出国宴级别的水平？

徐佳杰刚刚进入职校时，家里人是反对他选择烹饪的。因为他确实喜欢厨师这个职业，在他的坚持下，父母还是尊重了他的选择。半只脚踏入厨师行业的徐佳杰很快就意识到，技术是烹饪行业唯一的话语权。于是每天放学后，他就会先去市场逛一圈，了解食材，然后回家做晚饭，再练习小的食品雕刻，饭后再做小点心，到凌晨十二点

再休息。

当时，从家到学校徐佳杰每天都要坐很长时间的公交。有一天，在公交车上百无聊赖的他忽然从包里摸出一个土豆，当时想，反正也没事做，就练练雕刻吧。徐佳杰试了一下，发现车虽然颠簸，不过他也还能下刀。于是，那段时间里，放学回家的他就会一个人坐在后排，一刀一刀地雕土豆，回到家，刚好雕成两朵土豆玫瑰花。刚开始，手难免会被刀割伤，不过徐佳杰还是坚持下来。两三个月后，他发现自己的雕刻技艺愈发纯熟，而且颠簸的公交车后排，反而让他握刀的稳定性有了明显的提升。熟能生巧，巧能生精，厨师这行，只要多做，就一定能做得好，到毕业时，食品雕刻已经成了徐佳杰的拿手绝技。

2006 年，徐佳杰的作品就已登上外宾招待会上。但年轻的他并没有心高气傲，而是从颜色的选择搭配、整个作品的立意等角度，思考如何做到以整体造型来提高餐品档次。于是，徐佳杰开始抽空找灵感，挖掘新的元素融入作品当中，他每次做任务的作品都是和原来不一样，就这样慢慢地练习，慢慢地思索，慢慢地创作，逐渐练就了精益的刀工与创作。

七嘴八舌

1. 徐佳杰的成功源于什么？

2. 中职生如何成为工匠精神的传承者和弘扬者？

案例透视

数年如一日的磨炼与积累，他逐渐养成自觉、自律的行为习惯；敬业、专注、认真的处事风格，从学徒到帮工再到大师，徐佳杰在自己的专业学习与工作实践中逐渐培育匠心、践行职业精神。

1. 发掘优势，独辟蹊径

徐佳杰坚持呵护自己对餐饮业的兴趣与热情，体形不占优势就另辟蹊径，在上班往返的路程中，用土豆作雕花练习技巧，从事餐饮行业之后，自主钻研的意识依旧很强，在宴会小摆件作品大获好评之时又转到大件菜品的雕刻，不断雕刻自己的菜品，不断改善自己的工艺，享受菜品在双手中升华的过程。所谓兴趣是最好的老师，对于能否在一个工作中保持持久专注，需要对所学充满兴趣，对所任职岗位充满认同与信心，在专业学习中找寻到兴趣点，并将它发展成为自己职业，这样更有助于激发内部自觉，形成职业信仰。

2. 专注坚持，乐于钻研

半只脚踏入厨师行业的徐佳杰很快就意识到，技术是烹饪行业唯一的话语权。要想技术过硬，就要坚持操练。在颠簸的公交车后排，手难免会被刀割伤，但还是坚持下来。每天放学后，他就会先去市场逛一圈，了解食材，然后回家做晚饭，再练习小的食品雕刻，饭后再做小点心，到凌晨 12 点再休息。即使成为了大师，每次为大型宴会准备“艺术作品”，徐佳杰都会先手绘草图。徐佳杰的成功来源于他的自觉坚持、愿于吃苦与认真负责的工作态度。每位工匠技艺的愈发纯熟，道德信念的愈发坚定，均来自日复一日的坚持与积累。因而，中职生可以设定兴趣任务，自觉每天打卡，养成坚持自律的良好习惯。

3. 愿意探索，主动突破

如果停留在原本的位置，那就是倒退。徐佳杰每次做任务的作品都是和原来不一样的，都会有一些新的元素加进去，提升整个作品。通过慢慢地练习、思索和创作，培养出了空间感，能够把一副平面图构思成一副立体画。熟能生巧、巧能生精、主动突破、不断创新，才能造就各位工匠在该领域的高度，推进整个行业的品质提升。中职生在日常生活中要培养自我的积极心态，保持探索的新鲜感，不断尝试创新。

弘扬工匠精神是新时代经济社会发展的需要，习总书记在十九大报告中指出：要“弘扬劳模精神和工匠精神，营造劳动光荣的社会风尚和精益求精的敬业风气”，作为未来社会主义建设的人才大军，每位中职生在日常学习与实践中要自觉培育匠心、践行职业精神，提升自我素质。

二、知识延伸

1. 由制造大国变为制造强国，需要每个岗位的从业者都是追求专注、极致的工匠能手，既是时代前进的需求、国家发展的需求，也是个人价值实现的需求。

2. 中职生践行工匠精神要从日常生活做起，培养专注认真、精益求精的品质。

3. 中职生在日常生活中要保持积极乐观的心态，积极探索、不断创新。

三、心动行动

（一）活动一：纸塔小匠人

1. 活动目的

通过搭建纸塔小匠人，让同学们感受不同行业、不同领域的工匠精神。

2. 活动内容

要求学生在规定时间内用 A4 纸搭建纸塔，需要先设计搭建方案，经过小组集体讨论和修改方案后，实施方案。搭建完成后，小组进行演讲和展示，重点介绍小组如何在活动中体现工匠精神。

3. 活动道具

A4 纸每组若干张，各组准备彩色笔、剪刀、直尺、胶水、胶带等。

活动小提示：

活动过程中，请同学们小组合作，精心设计，细致打磨，搭建纸塔。我们将按照搭纸塔的美观、牢固及高度程度，评选“明星工匠组”。

4. 你说我说

在小组合作搭建的过程中，大家如何能各尽其职、精益求精地把纸塔搭建得既牢固又美观呢？

5. 学以致用

工匠精神不分行业、不分领域、不分年龄，是每一位从业人员对工作热情与专注的体现，自觉树立吃苦耐劳、精益求精、劳动光荣、技能宝贵，创新伟大等正确的劳动观；积极培育工匠精神是未来每位职场人的必修课程与不懈追求。

分享一个在专业实训中的真实事件，这个事件是要能体现出工匠精神。

（二）活动二：填表列队

1. 活动目的

帮助同学们建立工匠意识，培养工匠精神。

2. 活动内容

参照专业对应岗位从业要求，结合自身目标与条件，制定《工匠养成行动计划表》。

表1 工匠养成行动计划表

工匠精神要素	养成行动	周打卡日记						
		周一	周二	周三	周四	周五	周六	周日
执着专注（举例）	打卡锻炼							
	实验练习							
	整理内务							
	……							

3. 你说我说

（1）在制定《工匠养成行动计划表》时，如何设定对应岗位的工匠精神要素？

（2）如何坚持高效地完成打卡任务？

4. 心灵透视

践行匠心，弘扬工匠精神，培养良好的行为习惯，始于日常生活中的积累。

四、拓展阅读

以赛促技，铸炼匠心

在阿联酋阿布扎比的第44届世界技能大赛上，浙江杭州技师学院的蒋应成最终成功获得比赛最后一个项目——汽车喷漆的世界冠军。21岁的蒋应成，已站在了世界技能人才都向往的最高领奖台。这意味着汽车喷漆这个项目，终于有一个国家能够蝉联世界冠军，让全球感受到了中国速度的惊人和制造大国的真正实力。

世界技能大赛的汽车喷漆项目有车门内外双色喷涂，调色和车身图案制作等6大模块，长达16个小时，按照世界技能大赛的评判标准，汽车喷漆项目中每层油漆上下的厚度误差不超过0.01mm，即10μm，相当于一根头发丝的六分之一左右，这几乎达到了手工技术的极限。

在迎接世界技能大赛的日子里，无论寒暑，蒋应成每天都会有十七八个小时的训练，平时训练的喷枪有近7斤，他要做到连续操作几个小时，依旧能够平稳地守住这0.01毫米的底线，拿喷枪这个手势每天会重复一千多次，日复一日，成千上万次的操作，枯燥单调的重复但他从没想过放弃。当他的右手长期训练受伤时，就尝试训练左手，冲刺世界冠军，蒋应成给自已提出了比0.01毫米的误差更严格的要求，专家教练给他打 98 分时，他自己心里面认为只做到了 97.5 分，可能还有 0.5 分没有达到，想让自己的专业做到精益求精。比赛需要特别的体能，他每天会到操场跑个 30 多圈，一个礼拜下来 80km 左右。两年积累下来，相当于 200 多个马拉松。

在蒋应成看来，0.01 毫米是普通与极致的差距，每一次进步 0.01 毫米。虽然只是进步那么一点点，但在一个企业、在所有的行业里面，所有人都能提高这么 0.01 毫米的精度，整个社会的发展都可能会提高。当你把这个小事情做到极致，整个行业或者整个专业注意到你的时候，就不是一件小事了。

【阅读思考】

成功没有捷径，蒋应成的故事告诉我们：首先，要明确目标。每一位技师学子都要明确自己在校的专业技能目标，通过在校的专业理论课学习和实践操作锻炼，特别是通过参加各类技能大赛，来实现技能的提高，获得高级工、技师的技能等级证书，为自己走上社会，就业和创业增添竞争实力。其次，要艰苦奋斗。以赛促技，铸炼匠心，职校生在大赛中能够一举夺冠，源于日复一日对单调工作的重复与坚持，沉得住气，耐心钻研，在自己的领域尽力做得更好，做到其他人所不能及的精细，就会有成功的那一天。

第四部分

和谐交往　快乐生活

【卷首语】

一个人和他的原生家庭有着千丝万缕的联系，这种联系有可能影响他的一生。一个人和他的经历有着难以割断的联系，如何处理家庭亲子关系、进而处理身边的一切关系，是和谐交往、快乐生活的关键所在。

我可爱如天使降临的朋友，
因为你们不离不弃的陪伴，
我的生活才更加绚烂多彩；
我敬爱如人间真理的老师，
因为有您准确无误的导航，
我的生命才更加顺利平坦；
我亲爱如阳光雨露的父母，
因为你们无微不至的呵护，
我的成长才更加健康快乐！
感谢亲爱的你们每一个人，
我因为你们才更明白人生！
年华易过眼，故人长有意。
相逢几多秋，且行且珍惜！

第九议题　如何对待长辈的唠叨？

第一节　絮絮叨叨总关情

只有在个体差异被欣赏、错误被包容、沟通够坦诚、规则很灵活的氛围中，自我价值感才得以绽放。

——弗吉尼亚·萨提亚

【目标引领】

核心素养：

◎ 健全人格：具有积极心理品质和自尊自信、积极向上的心态；正确对待自我、他人和社会，调控情绪，处理好个人与他人、个人与社会的关系。

◎ 公共参与：具有主人翁意识，积极承担社会责任。

三维目标：

◎ 认知：理解亲子冲突的原因，了解解决亲子冲突的方法。

◎ 情感态度观念：正确看待和理解亲子冲突，通过自我剖析和案例教学让学生分析代沟产生的原因，进而理解、体谅父母，并加强学生与父母的沟通意识。

◎ 运用：从日常生活做起，尝试运用合适的方法缓解亲子冲突，鼓励学生主动与父母交流。

一、案例探索

小敏是一名中职生，最近正面临期末考试，晚上小敏一进家门，妈妈就提醒她赶紧去学习。每当妈妈发现小敏玩手机时，就会说：“你怎么总是玩手机。离期末考试不到一个月了，你这样怎么能有好成绩？以后怎么会有出息？”晚饭时，小敏默默吃饭，妈妈则滔滔不绝地展开教育攻势。饭后小敏回到房间学习，妈妈又会时不时地提醒小敏有关复习的注意事项。小敏非常愤怒，以至于无心复习；妈妈也非常委屈，不知该如何处理。

七嘴八舌

1. 小敏和妈妈之间有着怎样的矛盾?

2. 小敏和妈妈应该如何处理彼此之间的矛盾?

3. 谈谈自己和父母都有那些矛盾?

案例透视

信任之于人际关系的重要性，就如同空气之于人。信任是几乎所有人际关系的基础，缺乏信任就是“人际关系不和谐”的最典型表现。如果做出了某个承诺，却没有履行，就会严重破坏人与人之间的信任。同样的，没有什么比做出承诺并信守承诺更能建立信任的了。古语有云：“勿以善小而不为”，如果生活中的小承诺都难以遵守，那么遇到重大问题时，就很难获得他人的信任。

只要做出承诺就意味着要遵守。故事中的小敏可能在平时的日常生活中没有遵守一些“微不足道”的小承诺，才没能得到妈妈的完全信任，导致小敏妈妈认为只有方方面面都必须对小敏反复嘱咐才能安心。

亲子双方作为不同年龄阶段的两代人，彼此的心智、学识、经历等都不对等，在对问题的理解、感受等方面都存在差异。而亲子冲突实际上就是多种亲子互动状态中的一种行为类型，难以完全避免。快乐的家庭有快乐的生活气氛，快乐的生活气氛要靠快乐的人去营造。在家庭成员中，如果每个人都能快乐地面对自己，面对他人，那么欢声笑语便会来到我们身边。在建立信任的基础上，怎样提高与父母的沟通能力，建立和谐的亲子关系呢?

1. 理解和尊重父母，凡事与父母商量

商量的魅力在于，使自己学会从别人的角度思考问题，两代人的沟通，最重要的是相互理解、相互尊重，而实现相互理解、相互尊重的最好方法就是学会商量。商量能体现出自己对长辈的尊重态度，也能通过平等的协商使自己得到对方的尊重；商量让我们学会从别人的角度来观察事情，思考问题；商量还能让我们学会民主和平等、尊重和友谊。

2. 学会选择

学会选择的人，才能把握好自己的命运。选择是一种能力。人的一生中，会遇到无数次选择的机会，机会永远只属于有准备的人。如果一个人从小就有意识地培养自己“选择”的能力，那么就有可能在以后的生活中抓住机会，体验成功。如果过于依赖父母，那么机会就会擦肩而过。

3. 巧妙的沟通

通过有效沟通与父母建立起相互信任的关系，是搭建我们与父母之间相互理解桥梁的前提。儿童很容易对父母敞开心扉，然而随着儿童年龄的增长，自我意识逐渐增强，孩子愈加渴望被人尊重、希望自己能被当作“大人”来看待。同时，由于青春期阶段，生理和心理方面都出现的急剧变化，孩子也开始有了自己的小秘密，便不再对父母畅所欲言，这使孩子和父母之间渐渐疏远。由于我们对父母的不信任，可能使自己在需要父母帮助的关键时刻，失去正确指点，走许多不必要的弯路。因此，若要改善与父母的关系，必须做到相互信任。当存在矛盾冲突时，双方也应该心平气和地坐下来与父母谈一谈，了解对方的所思所想，避免不必要的误会。

二、知识延伸

在与父母的相处中，最重要的是学会沟通。由于亲子关系的特殊性，沟通显得尤为重要。认识到父母在养育自己过程中所付出的辛劳，学会以感恩的态度对待父母的言行，用实际行动回报他们的辛苦付出。当与父母发生矛盾时，首先要学会控制自己的情绪，多站在对方的立场上思考问题，尽量避免冲突与伤害；其次，要学会反思自己的不足，及时道歉，积极沟通，找出解决方法。

三、心动行动

活动：角色扮演——女儿和妈妈

1. 活动目的

使学生发现自己与父母之间矛盾的根源，并学会正确处理与父母间的矛盾；使学生意识到父母对自己的爱，尽管父母表达爱的方式方法可能很难被理解，但爱永远不变。

2. 活动内容

两位同学分别扮演以下活动中的“小敏”和“妈妈”两个角色，按照描述扮演角色的台词和动作，并分享自己的扮演后的感受。

（1）小敏放学以后，书包一扔就打开了电视，正好此时妈妈下班回家。“小敏，你怎么又看电视？放学就知道看电视，作业做完了没有？”“就看一会儿，把这集看完。”小敏继续看电视。过了一段时间，妈妈从厨房出来一看，小敏还在看，气不打一处来，“你这么大了，想过自己的将来没有？不好好读书，你将来能干什么？快点把电视关了！”妈妈命令道。小敏也来了劲：“吵什么，烦死了，哼！”说着，把遥控器一摔进了屋。

（2）小敏吃完早饭出门上学时，妈妈又在叮嘱：“水杯带了吗？校卡带了吗？路上小心点，骑车别太快了，安全第一，放学早点回来。”小敏不耐烦地叫道：“拜托老妈，天天这些话，耳朵都快磨出茧子了，烦不烦啊！”妈妈没做声、摇着头走开了。

3. 你说我说

（1）通过交换角色主题活动，扮演情境中的“妈妈”后，你的感受是怎样的？

（2）结合自己的经验和认识，分析一下亲子之间产生冲突的原因是什么？解决亲子冲突的方法又有哪些？

（3）检查一下所列出的解决方法中，是否只是考虑了自己想法和感受，而忽略了父母感受的情况，应该怎样改进？

4. 学以致用

如果目前你正和爸爸妈妈闹别扭，或者和父母之间已经有了误会，不妨从现在开始，主动消除你们之间的误会。你可以：找一个合适的时间和场合，主动地要求与父母聊天，把自己内心的想法表达出来。如果你觉得不好开口，也可以给他们写封信，或者是召开一个家庭会议，会上任何人都可以对家庭问题畅所欲言。大家都必须心平气和，理智客观地发表言论。

如果目前和父母没有什么矛盾，你也可以借此机会表达对父母的爱，用帮他们做一些小事、向对方表达关心等方式来加强自己与父母间的联系。

四、拓展阅读

一艘货轮在烟波浩淼的大西洋上行使。一个在船尾搞勤杂的黑人小孩不慎掉进了波涛滚滚的大西洋。孩子大喊救命，无奈风大浪急，船上的人谁也没有听见，他眼睁睁地看着货轮拖着浪花越走越远……

求生的本能使孩子在冰冷的海水里拼命地游，他用尽全身的力气挥动着瘦小的双臂，努力使头伸出水面，睁大眼睛盯着轮船远去的方向。

船越走越远，船身越来越小，到后来，什么都看不见了，只剩下一望无际的汪洋大海，孩子的力气也快用完了，实在游不动了，他觉得自己要沉下去了。“放弃吧”，他对自己说。这时候，他想起老船长那张慈祥的脸和友善的眼神。不，船长知道我掉进海里后，一定会来救我的！想到这里，孩子鼓足勇气用生命的最后力量又朝前游去……

船长终于发现那黑人孩子失踪了，当他断定孩子是掉进海里后，马上下令返航，回去寻找。这时，有人规劝：“这么长时间了，就是没有被淹死，也让鲨鱼吃了……”船长犹豫了一下，还是决定回去找。又有人说：“为一个黑奴孩子，值得吗？”

终于，在那孩子就要沉下去的最后一刻，船长赶到了，救起了孩子。

当孩子苏醒过来，跪在地上感谢船长的救命之恩时，船长扶起孩子问：“孩子，你怎么能坚持这么长时间？”

孩子回答：“我知道您会来救我的，一定会的！”

“你怎么知道我一定会来救你的？”

“因为我知道您就是那样的人！”

听到这里，白发苍苍的船长“扑通”一声跪在黑人孩子面前，泪流满面：“孩子，不是我救了你，而是你救了我啊！我为我在那一刻的犹豫而耻辱……”

【阅读思考】

信任是所有的人际关系一切的基础，正如黑人孩子坚定地相信船长会回来救他一样，一个人能被他人相信也是一种幸福。这种信任，是存放在我们“心理账户”上的一笔财富。相互信任能够让人与人之间和谐相处，也能够加强彼此间的信任纽带。信任别人与被别人信任都能使人愉悦，并能够营造和谐的人际关系，从而让自己在学习、工作和生活中受益匪浅。

第二节　滴水藏海怀感恩

我们有谁看到从别人处所受的恩惠有比子女从父母处所受的恩惠更多呢?

——色诺芬

【目标引领】

核心素养：

◎ 政治认同：坚持马克思主义世界观和方法论，了解中国特色社会主义理论体系，培育和践行社会主义核心价值观。

◎ 健全人格：处理好个人与他人，能自我调节和管理情绪，培养责任感，养成自信、自律、敬业、乐群的心理品质。

三维目标：

◎ 认知：理解亲情对自我健康成长和职业生涯发展的重要作用。

◎ 情感态度观念：珍惜亲情，感受父母和其他长辈的辛苦付出和殷切期望。

◎ 运用：以实际行动感恩父母和长辈，体会感恩的态度和行为带来的变化，培养感恩的品德和行为习惯。

一、案例探索

小帆上中职之前一直表现得很乖巧，不管对父母还是对老师，他都很有礼貌。步入青春期的小帆没有像邻居、同事家的孩子一样叛逆、冲动、不听管教。直到有一次，小帆因为一件小事跟家人发生了激烈冲突，与父母争吵之后便摔门出去。父母原本以为小帆会像从前一样天黑之后就回家，但是这次小帆却不打招呼去了离家很远的小学同学家中，他不声不响地在同学家住了下来。两天之后，小帆又若无其事地回到学校继续学习。小帆由于无故旷课受到了老师严肃批评，小帆妈妈也被班主任和校长约谈。在小帆妈妈再三保证后，班主任和校长才同意小帆返校上课。当被老师问起争吵的原因时，小帆回答说：“父母太 out 了，没有共同语言。”

许多青少年嘴上常挂着一句话就是："父母已经跟不上时代了，不能理解我们，也不了解现在的孩子。"但是反过来，当你这样说的时候，是否想过自己懂得父母吗？孩子又了解父母多少呢？请你依次回答下面的问题，看看有多少问题是自己不知道答案的，能够回答的问题都向父母确认是否正确。

表 9-1　关于我父母的一些事

父母生日？	
父母的爱好是什么？	
父母最爱看的电视节目？	
父母最喜欢吃的食物？	
让父母最担心的一件事？	
我让父母感到难过的事？	
为父亲母亲做过的让他们最高兴的事？	

七嘴八舌

1. 完成以上题目后，你觉得自己了解父母吗？

2. 你有什么感受愿意分享？

案例透视

亲情是什么？亲情是春天的种子，是夏天的清凉，是秋天的果实，是冬天的温暖；亲情是什么？亲情是喧嚣世界外的桃源，是汹涌波涛后平静的港湾，是无边沙漠中的绿州，是寂寞心灵中的慰藉；亲情是什么？亲情是你迷航时的灯塔，是疲倦时的软床，是受伤后的良药，是口渴时的热茶；亲情是什么？亲情是孟郊母亲"临行密密缝，意恐迟迟归"的牵挂，是王维"来日倚窗前，寒梅着花来"的思念，是岑参笔下"马上相逢无纸笔，凭君传语报平安"的嘱咐，是司空曙"雨中黄叶树，灯下白头人"的守候。世间最无私的，不过是亲情；世间最伟大的，莫过于亲情。

故事中的小帆不是没有感受到亲情的美好，而是亲情一直都在自己身边，却不懂珍惜，她欠缺的是一颗感恩的心。

"感恩"是个舶来词，牛津字典的定义是："乐于把得到好处的感激呈现出来且回馈他人。"古诗当中"谁言寸草心，报得三春晖""谁知盘中餐，粒粒皆辛苦"讲的都是感恩；古老成语里"滴水之恩，涌泉相报""衔环结草，感恩报德"，告诉我们的也是感恩。

感恩是一个人的基本素质，是一种品德，感恩不一定要感谢大恩大德。一个缺乏爱心，不懂得感恩的人，长大后不可能懂得体谅、关心他人；不懂得孝敬父母，尊敬师长，更不要提爱同学、爱母校、爱国家、爱民族。

无私的爱与奉献，是人类存在和世界美好的基础。如果缺乏感恩，必然会导致人际关系的僵化。感恩可以是一种生活态度，一种善于发现并欣赏美的道德情操。人生在世，不如意事十有八九。如果囿于这种“不如意”之中，惴惴不安、怨天尤人，那生活就会索然无趣。相反，如果拥有一颗“感恩”的心，善于发现事物的美好，感受平凡中的美丽，那么就能以坦荡的心怀、开阔的胸襟应对生活中的酸甜苦辣、艰难困苦，让原本平淡的生活焕发出迷人的光彩！

二、知识延伸

懂得感恩是一种可贵的品质。感恩首先是对他人的一种认同，让对方感受到你的认可与在乎；感恩也是一种回报，是对他人辛苦付出最基本的情感回应。要把感恩视作为一种生活态度，运用在生活和学习的各个方面。常怀感恩之心，会使生活更加轻松，使生命变得更加有意义。要学会感恩，就要从感谢身边的人开始做起。去发现父母对自己的呵护、老师对自己的关爱、同伴对自己的关心，并将感激的心情传达给他们。

三、心动行动

活动：小组讨论——怎样过感恩的生活？

1. 活动目的

通过活动，使同学们学会感恩，引导他们将感恩视作一种生活常态，使得有意而为之的感恩转化为自觉的习惯。

2. 活动内容

引导学生结合自身事例进行思考，小组讨论后，推荐小组代表进行分享。

3. 你说我说

（1）感恩有什么重要意义?

（2）如何将感恩应用到学习与生活之中?

4. 学以致用

学会感恩从现在做起。通过合适的方式，例如书信、语言表达、肢体表达等分别向父母、老师、同学传递自己的感激之情。

四、拓展阅读

很早以前，一只母羊生了一只小羊羔。羊妈妈非常疼爱小羊，晚上睡觉让它依偎在身边，用身体暖着小羊，让小羊睡得又熟又香；白天吃草，又把小羊带在身边，形影不离。遇到别的动物欺负小羊，羊妈妈用犄角抵抗保护小羊。一次，羊妈妈正在喂小羊吃奶。一只母鸡走过来说："羊妈妈，近来你瘦了很多。你吃的营养都让小羊吸收了。你看我，从来不管小鸡们的吃喝，全由它们自己去扑闹哩。"羊妈妈讨厌母鸡的话，就不客气地说："你多嘴多舌搬弄是非，到头来犯下拧脖子的死罪，还得挨一刀，对你有啥好处？"气走母鸡后，小羊说："妈妈，您对我这样疼爱，我怎样才能报答您的养育之恩呢？"羊妈妈说："我什么也不要你报答，只要你有这一片孝心就心满意足了。"小羊听后，不觉落泪，"扑通"跪倒在地，表示难以报答慈母的一片深情。

乌鸦是一种通体漆黑、面貌丑陋的小鸟，因为人们觉得它不吉利，所以遭到部分人的厌恶，但正是这种被认为"不吉利"而登不了大雅之堂、入不了水墨丹青的小动物，却拥有一种真正值得我们人类普遍称道的美德——敬老、爱老。据说乌鸦在哺育下长大后，当母亲年老体衰，不能觅食或者双目失明飞不动的时候，它们就四处去寻找可口的食物，衔回来嘴对嘴地喂到母亲的口中，回报母亲的养育之恩，并且从不感到厌烦，一直到老乌鸦临终，再也吃不下东西为止。这就是人们常说的"乌鸦反哺"。在孝顺方面，它们堪称动物中的楷模。

（**注释**：以上两个成语都出自古训《增广贤文》，原文是"羊有跪乳之恩，鸦有反哺之义。"基本的含义是对父母恩情的报答，即传统意义上的"孝"。父母亲不仅给你肉体，同时把你养大，教育成人，这份恩情是世间最伟大的情感，连乌鸦、羊羔都能够知道。）

【阅读思考】

"孝"与"顺"二者不能合二为一，应该客观辩证地看待这两个字。"孝"是一种感恩父母的道德和行为的准则要求，做到"孝"是做人的基本原则。"顺"则是对一种对长辈意愿要求执行的过程，在这个过程中，可能有对、错之分，正、误之别。每代人由于生活的时代、环境、教育、文化等方方面面的影响，代际之间存在较大的差异，他们提出的需求和愿望难免会有对错，因此，作为儿女应当进行道理对错、是非曲直的正确判断，再进行客观合理对待。现代的“孝”是建立在双方平等沟通、相互尊重之上的“孝”，“孝”是作为子女责任与义务的体现，是子女感恩之心的真情流露。

第十议题　如何正确处理师生、师徒关系？

第一节　师生、师徒化冲突

三人行必有我师焉；择其善者而从之，其不善者而改之。

——《论语·述而》

【目标引领】

核心素养：

◎ 职业精神：具备理性思维，能够正确认识和处理社会发展与个人成长的关系，并做出正确价值判断和行为选择。

◎ 健全人格：正确对待自我、他人和社会，调控情绪，处理好个人与他人、个人与社会的关系。

三维目标：

◎ 认知：了解师生、师徒关系中存在的主要冲突和表现。

◎ 情感观念转化：冷静面对，理性看待冲突的发生。

◎ 运用：掌握化解矛盾的方法，主动思考冲突发生的根因，正确处理师生、师徒关系。

一、案例探索

她是老师还是师傅？

小魏是一名中职二年级食品专业学生。2020年暑假结束，她将进入企业跟岗学习。为了充实自己的假期，提升自己的专业技能，小魏主动要求到亲戚家的传统糕点店打工。作为新手的小魏，被安排跟随一位姓李的老师傅工作。在工作过程中，小魏发现这位李师傅为人比较温和、平易近人，从不摆什么架子，甚至会把她孩子的作业拿回店里请教自己如何解答。久而久之，小魏对李师傅逐渐产生了一种看不起的心理，认为李师傅没什么了不起的能力，仅仅年龄稍长，多一分资历罢了。自此，小魏便常对李师傅表现出不尊重的态度。李师傅察觉到后，认为小魏没有把自己当作老师，拒绝小魏继续跟着她学习。对此，小魏感到很疑惑，到底能不能把李师傅看作老师呢？

七嘴八舌

1. 师傅等同于老师吗？如何正确理解自己与老师、师傅的关系？

2. 听到李师傅的拒绝要求后，小魏应该如何端正与李师傅相处的心态？

3. 面对老师或师傅，甚至是任何值得我们学习的人，我们应该抱着怎样心态去求学？

案例透视

小魏遇到“她是老师还是师傅”的问题也是很多同学普遍会遇到的一种情况。随着职业院校逐步引入企、事业单位的高技能人才和民间手艺师，学生们面对的将不仅有学校老师，还有企业师傅。学校里讲授专业知识的老师和企业里教授实践技能的师傅，到底有什么区别？这两种不同的身份，往往会给学生带来一定的混乱，因此容易产生冲突与矛盾。

在上述案例中，小魏与李师傅之间的问题正是学生不能正确认识“师傅”这一身份所引起的。“师傅”一词，早在战国时期就出现了，而且从一开始就是便用来指代老师。昭公十九年，《穀梁传》记载道：“羁贯成童，不就师傅，父之罪也。”这句话的意思是指已满8岁的孩童，若不进学从师，那就是父亲的罪过。“师傅”一说发展至现代社会，主要是对有专业技艺者的尊称。而老师逐渐成为教育工作者的专称，传授知识和科学的人便称为老师，泛指在某方面值得大家学习，能够给大家带来一定正确知识和指导的人。因此，当作为学生的小魏面对两者时，都应该给予他们相同的尊重与敬仰。

二、知识延伸

无论是老师还是师傅，对学生进行“教导”的这一本质并没有区别。师生、师徒关系首先是人与人之间的关系。老师、师傅年龄较大，学科专业知识较丰富，社会阅历较深，又是学生的引路人，在与他们交往时，重要的是心理上产生尊重，以及对其辛勤教导感到感谢。面对“学习引路人”，需要正确审视对方的长处，端正态度，尊人尊己，以积极向上的心态保持师生、师徒交往。遇到冲突时，要遵循平等、尊敬、理解的三大原则，理性处理师生、师徒的矛盾。正确对待师生、师徒关系，充分发挥师生、师徒关系在知识学习、人格培养和健康成长中的积极作用。

三、心动行动

（一）活动一：角色扮演——老师与学生

1. 活动目的

通过活动，使学生了解身为老师的责任、义务以及困难，能够在今后的学习及生活中体谅老师 / 师傅，实现师生之间互帮互助，共建和谐师生关系。

2. 活动内容

邀请 8 位同学参与，进行两两分组。每组同学自行分配老师和学生角色，根据以下日常情景进行模拟对话：

（1）实训课上，你因睡过了而迟到，受到师傅责罚，你该怎么做?

（2）老师 / 师傅讲课时出现口误或错误时，作为学生，你该怎么办?

（3）周六回校参加活动，期间老师发现了你在偷偷玩手机，要求上交并写一份检讨书。你认为周六是自己的休息时间，玩手机娱乐没什么大不了。面对老师的批评，你该怎么处理?

（4）在一次考试中，好朋友向你投来纸条，恳求你写上某题的答案。你在纸条上写了“这是考试，请独立完成”。当你把纸条扔向朋友时，恰好被老师发现，他当场把你的试卷撕烂。你被老师误解了，该怎么办？我们又该如何正确对待老师的误解与批评呢?

活动小提示：

和谐师生关系需要互相体谅，这其中既需要老师了解学生的心理，也需要学生了解老师工作的难处。同时，可邀请老师参与学生角色扮演，模仿学生在以上情景中的真实表现，让同学们更直观地了解到自己的日常行为与老师的难处。

3. 你说我说

通过此次情景模拟，你对老师 / 师傅的日常工作有哪些新的理解?

4. 学以致用

师生关系作为学校生活中基本的人际关系。良好的师生关系是教师和学生之间有效沟通的前提和保证。良好的师生关系，并不是任意一方小心翼翼，与对方毕恭毕敬地相处，而应该是无论何时双方都能平等对话，共同化解矛盾，互相激励前进。因此，引导学生正确看待、处理师生、师徒之间的矛盾冲突，是建立良好师生关系的关键。

请分享你与老师/师傅的小故事。当你遇到了矛盾或冲突时，你是怎样处理的？如果类似的矛盾再次发生，你又会怎样处理？

（二）活动二：明辨是非

1. 活动目的

学生反思老师与学生之间正确相处模式与相互作用。

2. 活动内容

下列观点正确吗？为什么？

（1）老师仅是一个传授知识的简单角色。（　）

（2）罗森塔尔的实验说明了，良好的师生关系对学生的学习有积极作用。（　）

（3）被老师误解有时也能转化成一种成长动力。（　）

（4）学生渴望与老师交流是一件不可能的事。（　）

（5）学生对待老师的态度应该是尊重、理解、交流。（　）

（6）在与老师的交流中，学生的不良行为有口是心非、当众顶撞、刻意回避。（　）

活动小提示：

认真反思平日与老师/师傅相处之道，是否也做到真正明辨是非。若无，则思考再遇到类似情况，你该如何做。

3. 知识驿站

（1）学会换位思考，从老师/师傅的角度看问题，理解、体谅对方，避免自己对老师/师傅产生抵触情绪。

（2）正确对待老师/师傅的表扬和批评。

（3）尊重老师/师傅，用恰当的方式指出他们的错误，能够主动原谅老师/师傅的错误。

（4）跟老师/师傅交换意见时，要坦诚相待，把握时机，分清场合，言语要有分寸。

（5）礼貌待师，勿失分寸。

四、拓展阅读

程门立雪

“程门立雪”这个成语家喻户晓。它出自宋代著名理学家杨时虚心求学的故事。杨时从小就聪明伶俐，四岁入村学，七岁就能写诗，八岁便能作赋，人称“神童”。他十五岁时攻读经史，熙宁九年登进士榜。他一生立志著书立说，曾在许多地方讲学，倍受欢迎。居家时，长年在含云寺和龟山书院，潜心攻读，写作教学。

有一年，杨时赴浏阳县途中，不辞劳苦，绕道洛阳，拜师程颐，以求学问得到进一步深造。有一天，杨时与他的学友游酢，因对某问题有不同看法，为求得正确答案，他俩决定向老师请教定夺。时值隆冬，天寒地冻，浓云密布。行至半途，朔风凛凛，瑞雪霏霏，冷飕飕的寒风肆无忌惮地灌进他们衣领。他们把衣服裹得更紧密，继续匆匆赶路。抵达程颐家时，适逢先生坐在炉旁打坐养神。

门上的小书僮对他们说：“程颐先生正在书房坐禅，你们还是先回去吧，过两天再来。”杨时回答说：“没关系，我在这里等一会儿好了。”

那个小书僮见杨时和游酢都不肯走，便不再理会，自己进去了。

过了一会儿，雪下得越来越大，积雪已没过双脚。小书僮出来对杨时说：“这位相公，积雪已深，你们请回吧，等改天天气好了，再来见先生吧！”

“没关系，小兄弟，我们还是在这里等先生坐禅结束吧！”杨时坚持站在雪地里等候老师结束坐禅，好向他请教问题。

“不能确定先生什么时候结束坐禅，也许他今天一个下午都会坐禅呢！先生经常是这样的。”小书僮好心地提醒杨时。

“没关系。麻烦你等程颐先生坐禅结束以后，替我们通禀一声，就说杨时与游酢在门外恭候先生教诲。”他们仍然执意要在旁外等候。

杨时二人不敢惊动打扰老师，就恭恭敬敬侍立在门外，等候先生醒来。此时，远山如玉簇，树林如银妆，房屋也披上了洁白的素装。杨时的一只脚冻僵了，冷得发抖，但依然恭敬侍立。过了良久，程颐一觉醒来，从窗口发现侍立在风雪中的两人，只见他们通身披雪，脚下的积雪已一尺多厚了，赶忙起身迎他俩进屋。后来，杨时学得程门立雪的真谛。东南学者推杨时为“程学正宗”，世称“龟山先生”。此后，“程门立雪”的故事就成为尊师重道的千古美谈。

【阅读思考】

伫雪候门，只为求得真道。杨时两人以行动向我们树立了尊师重道的典范。尊师重道，既是尊敬老师，也是尊重学问。韩愈曾说：“师者，所以传道授业解惑也。”无论老师，还是师傅，都是在其领域术有专攻，而又愿意倾囊相授的尊者。面对如此尊者，要以礼敬之。杨时既可以直接敲门求道，也可以再次拜访，但他们却选择耐心等候，这是对老师敬重的表现，更是对学问尊重的体现。正因他一生保持对老师、对学问的敬畏之心，最终成为一代理学大师。正确认识师生、师徒关系，做到由心敬重，树立正确的师生观，健全自己的人格修养，有利于我们在职业发展道路上真正学有所获。

第二节 师生、师徒相伴行

是故无贵无贱，无长无少，道之所存，师之所存也。

——韩愈《师说》

【目标引领】

核心素养：

◎ 职业精神：具备理性思维、批判质疑、勇于探究的科学精神，提高辩证思维能力。

◎ 健全人格：正确对待自我、他人和社会，处理好个人与他人、个人与社会的关系，养成自信、自律、敬业、乐群的心理品质。

三维目标：

◎ 认知：理解良好的师生、师徒关系对个人学习、成长的作用。

◎ 情感观念态度：珍惜师生、师徒情谊，增强尊师重道意识，塑造自我平等人格，对老师、师傅怀有感恩之心。

◎ 运用：积极主动地与老师、师傅平等沟通，做到谦逊有礼，促进师生、师徒相互理解，建立良好的师生、师徒关系。

一、案例探索

小魏的创新

在学校老师组织的一次活动中，小魏认识到了在传统食品制作上有着颇高造诣的李师傅同样也是自己的老师，值得自己的尊重与敬仰。因此，小魏主动找到李师傅，向她诚恳地道歉，希望她能够允许自己继续跟随学习。李师傅看到小魏如此真诚，原谅了她之前的过错。于是，师徒二人重归于好。

随着对传统食品制作学习逐渐深入，小魏发现若在糕点中加入一些现代的新材料，成品似乎会有不一样的味道。小魏跃跃欲试，想要跟李师傅说出自己的想法，又害怕受到李师傅责骂。于是，她决定先试验一下，想法成功后再向师傅汇报。然而事与愿违，小魏的试验没有成功，失败的作品正好被李师傅看到了。师傅误以为小魏做事不认真，胡乱把糕点给糟蹋了，便责骂起小魏。为此小魏觉得很沮丧，再也不敢搞什么创新了。

七嘴八舌

1. 从小魏和李师傅的角度，分别评价两人在这次糕点创新试验中的交流表现？有哪些需要改进的地方？

2. 如果你是小魏，你会怎样向李师傅说出你的想法？

案例透视

小魏受到了李师傅的责骂，不敢再提出自己的建议，这是非常可惜的事情。但这不仅对于小魏而言，也是许多同学会遇到的情况。自己的看法被老师所否定，便不敢再次说出自己内心的想法，与老师的关系也逐渐疏远，从此一蹶不振，丧失对学习的兴趣和热情。

在上述案例中，小魏对李师傅存在敬畏之情，因此不敢向对方说出自己的见解。她单方面进行试验，失败后遭到李师傅误解而丧失信心。从小魏的案例可以联想到学生的日常学习。首先，同学们应充分信任老师 / 师傅，主动理解他们的难处，面对众多教学任务，老师 / 师傅不可能在每一件事上都做到完全了解；其次，同学们应端正思想，大胆表达，不卑不亢地向老师 / 师傅道明实情。自信表达也是人格培养的重要内容。在这个过程中，缺乏沟通的单箭头行为正是让李师傅对小魏产生误解的原因。

二、知识延伸

研究表明，师生关系与学生成绩有着显著相关性。教师与学生建立一种友谊关系，对于提高学生学习兴趣和培养完整人格起到重要的作用。良好的师生关系能使学生产生一种安全感，让学生更乐于接受教师的教育和影响，同时有助于激发学生的学习兴趣。理想的师生关系应该将老师和学生同时摆在主体位置上，各占天平的两端。

同时，我们要理解，无论是教学，还是与其他师生交往，双方之间的作用和影响都不是单向的。一方面，老师 / 师傅向学生传递信息；另一方面，学生也需要向老师 / 师傅反馈信息。只有双方形成双向的信息互动，才能建立起畅通的信息循环系统，教师和学生才能相互促进、共同发展。正确理解师生、师徒关系，积极与老师 / 师傅交往，互相拓宽知识的界限，促进彼此成就，共同进步。

尊敬师长，并不代表完全盲从。要勇于探究，具备批判性精神，培养独立思考能力，是对自身职业工作该担负的责任。

三、心动行动

（一）活动一：辩论赛——构建和谐师生关系是学生重要还是老师重要?

1. 活动目的

促使同学们意识到构建和谐师生关系需要学生与老师共同努力。

2. 活动内容

（1）准备 8 个席卡，正反方各 4 个，A/B 两组抽签决定正反方，小组讨论，5 分钟准备时间。

（2）辩论开始，双方一辩分别作自我陈述，每人不超过 2 分钟。

（3）自由辩论，时长 5 分钟，每一方回答一个问题时间不能超过 45 秒。

（4）正反方四辩分别作总结陈词，每人不超过 3 分钟。

（5）教师邀请其余同学针对辩题作观赛感想发言。

（6）教师总结。

活动小提示：

这个辩题并没有绝对的答案，因为师生双方在构建和谐师生关系时，都需要付出一定的努力，没有绝对的谁更重要。在这个过程中，老师要起到一定的主导作用，引导学生认识到只有付出同样努力才能维持和谐的师生关系。

3. 你说我说

分享一下，你在辩论赛中的收获。

4. 心灵驿站

老师和学生是教育活动中两个最活跃的因素。他们相互作用、相互依存，共同推动着教育工作的发生与发展，二者缺一不可。因此，正确认识老师和学生在教育过程中彼此所处的位置、作用，端正态度，建立良好协调的师生关系，是有效推进教育活动，完成教学任务的首要前提。

（二）活动二：小游戏——属于我俩之间的小秘密

1. 活动目的

通过分享师生之间的秘密，以达到增进师生双方亲密感的目的。

2. 活动内容

（1）将提前准备好的心形卡纸发给每一个学生，限时 2 分钟，让学生写出一个愿意向老师分享或跟老师交往过程中的小秘密。

（2）以学生自愿或老师点名的方式，学生将心形卡纸交给老师，大声朗读分享。

（3）学生将卡纸赠予老师时，老师在心形卡纸写上对学生的正面评价，回赠学生。

4. 心灵驿站

构建和谐师生关系最重要的就是沟通。良好的沟通能促进师生关系的融洽。课堂沟通过程是教师的教学情感与学生的学习情感互相融合、相互促进、共同发展的过程。教师和学生在沟通中体会到学习的快乐，激发出良好的教学和学习状态，高效率地完成教与学。

四、拓展阅读

蔡元培与许德珩的师生情

民主革命家、教育家蔡元培和九三学社主要创始人许德珩是中国近现代史上两位著名的进步学者，他们之间的师生情谊也深为后人称道。1915 年初许德珩考入北京大学。当时，北大还不是一流学府，很多学生以大学作为升官发财的阶梯，无意在学术上有所作为，部分富豪子弟甚至带听差上课。这种情况一直持续到 1916 年底至 1917 年初蔡元培出任北京大学校长。针对北大的种种腐败现象，蔡元培提出了大学生“当以研究学术为天职，不当以大学为升官发财之阶梯”的治学方向，并提倡思想自由，兼容并包。他还聘请李大钊、陈独秀等来校执教，大胆启用了胡适、马叙伦、李四光等当时年仅二三十岁的青年担任教授。蔡元培大刀阔斧的改革，使得北京大学一扫封建学堂的陈腐习气，逐渐成为了当时中国反帝反封建的新文化运动中心。这些变化使当时还身为学生的许德珩深受影响。当年，许德珩家中兄弟姐妹 8 人，全靠父亲教书的微薄收入为生。家中无力供给他上大学，许德珩只好找到蔡元培寻求帮助。蔡元培在对许德珩的英文笔译能力进行考核后，把他推荐到国史编纂处兼职做翻译工作，月薪十块银元。这使得许德珩不仅得以继续学业，每月还可把节省下的数元钱寄给母亲补贴家用。

许德珩是五四运动的领导者之一。1919 年 5 月 1 日，北洋军阀政府准备在丧权辱国的巴黎和约上签字，蔡元培马上将这一消息告诉许德珩，并同意北大及北京各高校学生于 5 月 3 日晚在北大三院礼堂集会，共商大计，以迫使反动政府拒绝在和约上签字。

五四运动爆发后，许德珩赴法国勤工俭学，并利用课余时间翻译了著名社会学家涂尔干所著的《社会学方法论》，蔡元培亲自为此书作序并推荐给商务印书馆出版。1925 年 4 月，许德珩与劳君展在巴黎成婚，蔡元培及夫人为其证婚并亲赠贺词。1926 年底，许德珩从法国毕业后打算回国教书，并特别向往当时正处在革命高潮中的广州。蔡元培知道后，亲自致函中山大学予以推荐。

1932 年 12 月，许德珩和其他 30 名爱国学生被反军警逮捕入狱。蔡元培不顾反动当局以 3000000 金收买凶手刺杀蔡元培的恫吓，以校长身份全力营救被捕学生，并表示愿对学生的行为负全部责任。在社会各界舆论的压力下，面临倒阁危险的段祺瑞反动政府不得不下令释放被捕学生。蔡元培在北大校园里亲自欢迎被捕学生出狱。直到 60 多年后，许德珩还时常提及蔡元培对他的帮助和支持。他对家人说，在接触过的历史人物中，蔡元培校长是最令人钦佩的人物之一，是青年的表率，是让人永远敬重的长者。

【阅读思考】

许德珩与蔡元培向我们展现亦师亦友的情谊。师生、师徒关系，不仅是单一的传道授业关系，更是并肩作战的战友，朝着共同目标前进。许德珩与蔡元培之间的交往是建立在双方信任的基本上，双方彼此成就。老师蔡元培一生淳淳教诲，竭力相助；

学生许德珩深受感染，追随理想投身事业。在现实生活中，往往会发现，师生、师徒关系和谐融洽，在双方成长过程中会相得益彰。这是因为，老师和学生内心的情感共鸣，有利于帮助学生从内隐到外显，达到最佳状态。

第十一议题　如何让友情地久天长？

第一节　同伴交往和谐相处

一个永远不欣赏别人的人，也就是一个永远也不被别人欣赏的人。

——汪国真

【目标引领】

核心素养：

◎ 政治认同：坚持马克思主义世界观和方法论，了解中国特色社会主义理论体系，培育和践行社会主义核心价值观。

◎ 职业精神：具有积极的劳动态度和良好的劳动习惯，具有正确的职业理想和职业行为，能够正确认识和处理社会发展与个人成长的关系，在实践中增长才干。

◎ 健全人格：具有积极心理品质和自尊自信、积极向上的心态，能自我调节和管理情绪，做到自立自强、坚韧乐观。

三维目标：

◎ 认知：了解产生同伴交往障碍的主要原因。

◎ 情感态度观念：意识到良好的人际关系对于个人发展的积极作用，增强同伴之间的友好交往。

◎ 运用：掌握同伴友好相处之道，建立良好的同伴交往关系。

一、案例探索

“离群索居”的困境

小南是个聪慧的女生，在初中阶段学习成绩一直处在班级上游。按照小南的实际水平，可以十拿九稳地考上区重点高中。由于她酷爱烹饪，中考填报志愿时选择了某中职院校五年一贯制烹饪专业。小南最终以中考总分超过专业录取线六十多分的绝对优势进入该校学习。入学后，她因成绩优异被班主任委派为团支部书记。一次偶然机会，小南得知自己的中考分数比班上大部分同学都要高出许多，因此，她不由自主地产生了一种优越感。在与其他同学的交往过程中，她总是不自觉地扮演着“优胜者”或“领导者”的角色，总觉得自己高人一等，以居高临下的姿态与同学交流。一次英文课上，任课老师请英语基础较差的小丽回答问题，小丽支支吾吾地回答不上，显得有些为难。小南立刻就喊道：“不知道就说不知道，吞吞吐吐浪费我的学习时间！”小丽立马通红着脸，又羞又恼，再也不和小南讲话了。

类似的事经常发生，小南总在不经意间就伤害了别人，与同学之间的冲突越来越多，摩擦越来越大。渐渐地，同学们离她远去，不愿意与她交往。在“离群索居”的孤独中，小南逐渐陷入了极度苦闷的情绪之中。

七嘴八舌

1. 请问是什么原因导致小南常常和同学之间发生冲突和摩擦？
2. 如何帮助小南走出“离群索居”的困境，与同学们友好相处？
3. 从小南的遭遇中，我们能得到什么样的启示？

案例透视

小南的人际交往状况不佳，是由其认知偏差所致。认知偏差的具体表现有：对人际关系好坏界定的认知偏差、对他人评价的认知偏差、对自我评价的认知偏差等。上述案例中，小南的认知偏差主要表现为对自我评价的认知偏差。她过高地评价自己，同时又过低地评价他人。在人际交往过程中，她从不站在对方角度考虑他人的需要和感受，总是盛气凌人、自以为是。无礼的人在人际交往中是必败无疑。

除了认知偏差会导致交往障碍外，情感偏差、人格偏差和能力偏差也会使人与人之间的交往受阻。

情感偏差：恐惧、嫉妒、自卑、自傲、孤僻等负面情感会引起交往障碍。

人格偏差：自身脾气暴躁易怒，对他人充满敌意、态度生硬，容易陷入自我陶醉等人格缺陷会导致与他人发生冲突。

能力偏差：人际交往能力的欠缺也是影响人际交往的原因之一。

马克思说：“友谊需要用忠诚去播种，用热情去灌溉，用原则去培养，用谅解去护理。”毫无疑问，良好的人际交往关系也应建立在相互理解、相互宽容、相互接纳、相互承认、相互尊重的基础之上，而不是相互猜忌、相互讥讽、相互排斥或相互贬低。

因此，小南在与同伴交往过程中，必须自觉地排除认知偏差，在正确看待自己的同时，正确看待他人，并学会人际交往方法。只有这样，她和同学之间的人际关系才能和谐融洽。

二、知识延伸

在与同伴的交往中，首先要能认清与其交往的重要性。人类具有社会性，需要与他人产生社会关系。与同伴的交往影响了我们的人生观和价值观，能够培养我们忠诚、宽容等良好的品质。在与同伴的交往中，应以积极正确的态度对待。要能够热情主动地与同伴建立联系，并体会在交往过程中产生的满足感和愉悦感。在与同伴的交往中，还需要掌握一定的交往技巧。例如：学会与同伴沟通，在交流中解开误会、化解矛盾；学会尊重同伴，善于赞美同伴。

三、心动行动

（一）活动一：优点“轰炸”

1. 活动目的

赞美是社交活动中重要的组成部分，同时也是开始一段谈话的好方法。通过这个活动，能够使学生学会赞美同伴，并且理解赞美同伴的重要性。

2. 活动内容

4 至 6 名同学为一组，组内每人依次担任中心人物；其余各名同学轮流对中心人物的优点或值得欣赏之处（如性格、外貌、处事方式等）进行称赞。

3. 你说我说

（1）分享一下，当自己被人称赞的感受如何？

（2）如何做到真诚地称赞他人？

（3）称赞他人的长处对人际交往可能会有哪些帮助？

4. 学以致用

用心发现下你同桌的长处，请写出若干个她 / 他的优点或你欣赏的地方。

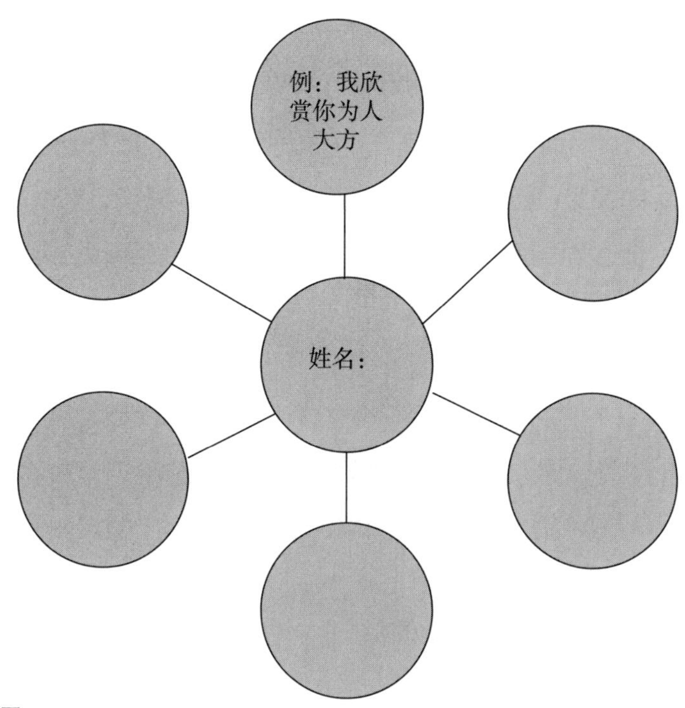

活动小提示：

当赞美别人的时候，你的态度要真诚，努力去发现别人的长处，不能毫无根据地吹捧，那样会伤害别人。正确的赞美方式要做到：

（1）要真诚。言不由衷的话几乎立马就会被识破，但如果你是真心诚意地赞美，那对方基本会高兴地接受。

（2）要尊重。即使是真心赞美，也不可鲁莽，要尊重对方的特有习俗和习惯。

（3）不要提及自身。赞美别人的时候，不要把话题引向自己，这会让人觉得你自我意识太强。

（二）活动二：你说我画

1. 活动目的

使学生深刻认识倾听的重要性，同时学会准确表达自己的观点、态度的技巧。

2. 活动内容

组织同学们进行自我分组，以 4 人为一组，以两轮为一回合，其中一人担任传达者角色，其余担任倾听者角色，由“传达者”进行表述，“倾听者们”进行绘画。活动过程中，“倾听者”不能进行任何提问交流。两轮过后小组共同查看样图，并分享自己的参与感受。

（1）第一轮，组内推荐一名同学上台担任“传达者”，其余人员都作为“倾听者”。

“传达者”认真观看样图2分钟，然后背对其余“倾听者”，下达画图指令。

（2）“倾听者”根据“传达者”的指令画出样图上的图形，“倾听者”不许提问。

（3）根据“倾听者”的图，“传达者”和“倾听者”谈自己的感受。

（4）第二轮，请换另一组同学代表上台，观看另一幅样图，然后“传达者”面对面向“倾听者”们传达画图指令，其中允许“倾听者”不断提问。

（5）请两轮“传达者”和“倾听者”分别谈谈自己的感受，并比较两轮过程与结果的差异。

3. 心灵透视

在人际交往过程中，最擅于与人沟通的高手，是那些善于倾听的人。倾听是对别人最好的尊重。专心地听别人讲话，是能够给予别人的最有效，也是最好的赞美。人们总是更关注自己的问题和兴趣。同样，如果对方愿意倾听你的分享，你也会有一种被重视的感觉。真正的倾听，不仅要用耳朵，更要用心，我们要学会用心去倾听他人。

四、拓展阅读

乔丹的眼泪

迈克尔·乔丹于1963年2月17日生于美国纽约布鲁克林，前美国NBA著名职业篮球运动员，司职得分后卫，被称为“空中飞人。他在篮球职业生涯中创造了刷屏般无可枚举的纪录，是公认的全世界最棒的篮球运动员，也是NBA历史上第一位拥有“世纪运动员”称号的巨星。他将NBA推广至全球每个角落，成为好莱坞以外又一无可阻挡的美国文化，他为联盟带来的收入至少在100亿以上，也把耐克公司从一家小公司变成闻名世界的超级巨头。他被认为是历史上最伟大的篮球运动员。

这里有一个乔丹和皮彭之间鲜为人知的故事。当年乔丹在公牛队时，皮彭是公牛队最有希望超越乔丹的新秀，他时常流露出一种对乔丹不屑一顾的神情，还经常说乔丹某方面不如自己，自己一定会把乔丹推倒一类的话。但乔丹没有把皮彭当做潜在的威胁而排挤，反而对皮彭处处加以鼓励。

有一次乔丹对皮彭说：“我俩的三分球谁投得好？”皮彭有点心不在焉地回答：“你明知故问什么，当然是你。”因为那时乔丹的三分球成功率是28.6%，而皮彭是26.4%。但乔丹微笑着纠正：“不，是你！你投三分球的动作规范、自然，很有天赋，以后一定会投得更好，而我投三分球还有很多弱点。”乔丹还对他说，“我扣篮多用右手，习惯地用左手帮一下，而你，左右都行。”这一细节连皮彭自己都不知道。他深深地为乔丹的无私所感动。

从那以后，皮彭和乔丹成了最好的朋友。终于在某一场NBA决赛中，皮彭独得33分超过乔丹3分，而成为公牛队比赛得分首次超过乔丹的球员。比赛结束后，乔丹与皮彭紧紧拥抱着，两人泪光闪闪。

乔丹用心发现他人的闪光点，不居高临下的谦逊品质为公牛队注入了难以击破的凝聚力，从而使公牛队创造了一个又一个的神话。乔丹不仅以球艺，更以他那坦然无私的广阔胸襟赢得了所有人的拥护和尊重，包括他的对手。

【阅读思考】

一个人要想与他人建立良好的人际关系，首先需要学会包容。包容对方的缺点，做到求同存异；其次，要善于发现他人的优点。他人的长处很可能就是自己的短处，观察他人优点不仅能用由衷的赞美获得对方的好感，还能使自己察觉自身的不足之处并加以改正。再次，交往中要注意不能表现过于自我，要保持谦逊有礼，以不卑不亢的姿态与他人相处，而以自我为中心只会破坏人际关系。

第二节 团结合作力量大

单个人的力量是软弱无力的，就像漂流的鲁宾逊一样，只有同别人在一起，他才能完成许多事业。

——叔本华

【目标引领】

核心素养：

◎ 政治认同：坚持社会主义核心价值体系，培育和践行社会主义核心价值观。

◎ 职业精神：能够正确认识和处理社会发展与个人成长的关系，在实践中增长才干。

◎ 健全人格：正确对待自我、他人和社会，能自我调节和管理情绪，处理好个人与他人、个人与社会的关系，学会竞争与合作。

三维目标：

◎ 认知：了解人与人之间存在差异，理解和谐相处和团队合作对于学习、生活和职业发展的重要性。

◎ 情感态度观念：增强集体意识和团队意识，主动参与团队合作。

◎ 运用：掌握团队合作的方法，能做到尊重个体差异，共同推进团队合作，提高团结合作的效率。

一、案例探索

复制10个去参赛

离学校运动会还有几个星期，小南就在班级里“精挑细选”了10名同学参加集体项目“齐心协力向前冲”，准备魔鬼训练。小南暗暗下定决心：一定要让自己班级拿到冠军。

第一次训练开始了。大家刚起步，小南就发现有的迈左脚，有的迈右脚，没走两步就“全军覆没”了，大家都重重地摔在地上爬不起来。“没事没事，第一次尝试嘛，我们统一一下，大家都先迈左腿。”小南鼓励大家。

第二次训练，大家重新调整好队姿，一开始都迈出了左脚。可好景不长，由于有的同学步伐大、速度快，有的同学步伐小、速度慢，队伍很快从直线成了斜线，后来变成了曲线。

“晶晶，就怪你，走那么快干吗!？”丽丽瞪了晶晶一眼。

“和我有什么关系，是您老人家走慢了！”晶晶毫不客气地冲回去。

“别吵了，还练不练了？不练我去打游戏了。”涛涛有些不耐烦了。

……

大家互相埋怨，怪这儿怪那儿。小南也特别气愤，心想：大家不懂得齐心协力。还不如把我复制10个去参赛，准能拿第一！

就这样，小南一气之下吼道：“不练了！”就这样，全队都解散了。

比赛当天，大家心里其实都憋着一口气，使着劲地往前走，可没人指挥，步伐乱七八糟的，没走几步晶晶就摔在地上，丽丽被倒下的晶晶绊倒了，涛涛想继续往前走却发现迈不出脚……

可想而知，小南的冠军梦是不可能实现了。

七嘴八舌

1. 请问是什么原因导致大家不欢而散，最终失去比赛冠军的呢？

2. 如果能重来，小南他们应该怎么做才能实现冠军梦呢？

案例透视

所谓团队协作能力，是指建立在团队的基础之上，发挥团队精神、互补互助以达到团队最大工作效率的能力。对于团队成员来说，不仅要有个人能力，更需要有在不同位置上各尽所能、与其他成员协调合作的能力。现今的中职生大多数是独生子女，他们长期以来养成了以自我为中心的习惯，缺乏与他人交流合作的能力。小南班失败的最大原因就是团队协作能力较差。部分中职生缺乏团队协作能力，原因可能有：

1. 家庭原因

现今的中职生大多为独生子女，从小在父母的溺爱中长大，从而形成以我为中心的性格，团队合作意识淡薄。他们缺乏谦让和宽容，更谈不上合作与分享。

2. 社会原因

随着我国社会经济的快速发展，大多数学生的家庭生活水平都不错，不知道生活的困难。除此，各种大众娱乐往往崇尚的也是个人英雄主义和金钱至上主义等，从而使学生缺失了团队精神和合作能力方面的教育。

3. 教育现状

许多家庭灌输给学生一种独立的处事风格和观念，任何事情都要独立完成，让学生错误地认为与他人协作是一种不独立的表现，误把团结协作理解成拖累与负担，拒绝对较差学生进行学习援助，不能正确看待团队协作取得的积极意义等。

从案例的结果来看，小南应该冷静下来想一想，就可以发现训练有差错不是某个人的错，而是由于大家缺少团队精神。在没有统一指挥，又没有找到正确的训练方法的情况下，情况就更糟糕了。小南应该安抚好大家的情绪，一边练，一边分析总结，找方法，找技巧，才能顺利完成比赛任务。

二、知识延伸

在团队协作中，良好的沟通必不可少。良好的沟通一方面可以更好的理解他人；另一方面又能帮助对方理解自己。沟通能解决双方信息不对称的问题，使双方达到共同的目标。团队具有自主性、创造性和协作性，团队合作能够激发个体潜能，达到1+1>2的效果。个人情绪管理对团队合作很重要，要找出自身在团队合作中的情绪问题，学会控制负面情绪，调动正面情绪对合作有积极作用。

三、心动行动

（一）活动一：同舟共济

1. 活动目的

通过活动，使学生认识到团队合作的重要性，并使学生意识到团队合作并非易事，需要一定的方法和技巧。

2. 活动内容

（1）营造氛围，使同学进入想象中的场景：自己和团队一起在大海上航行，突然间乘坐的轮船沉没了，所有人都必须搭上救命的小船才能活下来到达陆地。

（2）将所有同学分成两组，每组选出一名队长，指挥大家上船，务必保证所有同学都要上船。地面被当作是一片大海，每组领两张报纸铺在地面上作为救命的小船，所有同学的脚都必须在救生艇上才算成功。接下来，救命的小船更小了，收回一张报纸，让学生继续上船，看是否同样能够成功。

（3）活动结束，大家分享游戏的体会与感受。

3. 你说我说

（1）怎样才能让所有成员登上船？

（2）这个活动给你的启示是什么？

4. 学以致用

团队合作具有重要的意义：它使团队成员凝聚在一起，产生归属感和责任感；团队合作能够带来个人所达不到的效果，无论在办事效率，还是在事务完成度方面都更胜一筹。大家在学习生活中，要学会与他人合作，从而达到事半功倍的效果。

5. 知识驿站

现今，企业的竞争越来越激烈，对人才的要求也越来越高，现代企业更加强调发挥团队协作精神。中职生除了需要具有业务上的能力，更要有团队协作能力。团队团结协作精神已成为现代社会事业成功的必要元素。

（二）活动二：风火轮

1. 活动目的

通过活动，培养学生团结一致，密切合作，克服困难的团队精神；培养学生的计划、组织、资源协调能力；增强相互间的相互信任和理解，使学生学会如何合作，帮助他们找准自己在团队中的位置，学习在团队中与他人相处。

2. 活动内容

（1）项目准备

硬件要求：户外平坦的空场地一块。

耗材准备：报纸、剪刀、卷宽胶带、秒表、口哨。

人员准备：学生分为每组 16 ~ 20 人，每队选出一位队长。

（2）操作流程

渲染气氛：如果前面是一条不可正常穿越的路，怎么办？团队有的是报纸、剪刀、胶带、还有大家的智慧……

（3）领取材料

每队队长找老师领取废报纸、胶带、剪刀和任务书等材料。具体要求：

① 利用这些材料做成一个大纸圈。

②队长要把队员分成人数相等的两组进行迎面接力赛。

③两组分别站在两条标志线（距离约 5 米）后，听到信号声，一组同学成一纵队站立在圈中先出发，当到达另一条标志线后（圈必须全部过标志线），从圈中走出，另一组队员也成一纵队站立在圈中，推动大圈滚至另一标志线。

④当纸圈全过标志线时比赛即结束。比赛开始，时间分为两个阶段统计，制作风火轮的时间和风火轮滚动的时间、两个时间加起来耗时最少的队为胜利者（老师计时并公布成绩）。

活动小提示：

（1）全队成员必须都踩着纸圈带前进，如果途中队员踏出纸圈则视为犯规，全队原地停 5 秒后才能继续前进。

（2）滚动过程中纸圈带如发生断裂，全队必须停下，修补完后方可继续前进。此时队员可以接触地面但不能阻挡他组行进的路线，否则将被取消资格。

3. 你说我说

（1）如何才能用最快的速度完成比赛?

（2）从团队合作游戏过程中，你获得了哪些启发?

4. 学以致用

团队合作需要各成员之间互相信赖。回顾一下过往学习生活，你与同学们之间的合作共事中是否做到了互相信任、互相理解、互相成就?如果没有做到，那再次面对同类型事件，你会如何做?如果做到了，那你认为在过程中还有什么改善之处?

四、拓展阅读

《西游记》与管理团队

《西游记》中的师徒四人，都是不可替代的好员工。师徒四人，谁都有一堆缺点，但组成一个团队，却爆发出了强大的战斗力，西天路上的九九八十一难都不在话下。站对了位置，每个人都能成为好员工。

唐僧，是个管理天才，非常适合高层的角色地位，有大唐皇室的友情赞助，让观音为他网罗精干部下，外交能力可见一斑。他让三个颇有背景的徒弟认同“西天取经”这一共同的价值观，在打造企业文化上颇有一手。最重要的是，他有无比坚定的成功信念。因此，虽然唐僧不会降妖除魔，但只有他能够管理好西行团队。他虽然深沉，有计划，注意细节，善于发现问题，能够深切地关心别人，但做事、决策速度都较慢，在快节奏的同事看来，这种速度简直无法忍受，因为当今胜的年代，需要的是决战速度。

孙悟空，是能力超强的业务骨干，是当之无愧的明星员工，上天入地，几乎无人能敌。西行路上，他始终扮演着总监的角色，为取经目标的实现披肝沥胆。他永远是一马当先、孤身深入，最终取得令人瞩目的工作绩效。虽然他不太容易与人相处，但有着超一流的执行力；虽然他坚忍不拔、不屈不挠、坦率、自信，但恃才自傲，不善于与同事合作，缺乏人情味，有时候还咄咄逼人。

猪八戒，是善于协调的人力资源总监。这一好好先生，看上去没什么长处，其实他的存在大有必要。他性格开朗，能坦然接受批评，在团队中就像是“润滑油”，哪里有矛盾，哪里就有他。他情商很高，会说俏皮话，拍马屁也很在行，所以深得师父偏爱。他虽然幽默风趣，嘴甜，有人情味，但意志薄弱，容易放任自己。

沙和尚，是老实本分的办事员，实干派的典型代表。他能力平庸、缺乏主见，但是任劳任怨，主动承担了“挑担”这种粗笨工作，默默地为唐氏企业的壮大贡献力量。他一直在孙悟空和猪八戒的夹缝中生活，是最被忽视的一个，从某种意义上说，沙和尚是大多数人的缩影。他内向，温和，勤恳踏实，纪律性强，但遇事易畏缩观望、逆来顺受。

【阅读思考】

在团队合作中，需要有一个既定的共同目标，没有目标团队就没有存在的价值，目标引领着团队向前行进，目标将团队成员紧密联系在一起。团队中总有一人担任领导者的角色，要学会提升自己的领导能力。一个优秀的领导者具有战略性眼光、拥有坚韧不拔的毅力，能够协调团队各部分行动并吸纳优秀的团队成员。一个优秀的团队，不仅要有一位好的领导者带领前行方向，还离不开一群能力出众的成员冲锋陷阵、保障后方。

第十二议题　如何筑起心灵的“防火墙”?

第一节　抵制诱惑促成长

只有抗拒诱惑，你才有更多的机会做出高尚的行为来。

——车尔尼雪夫斯基

【目标引领】

核心素养：

◎ 政治认同：具有社会主义法制意识和法治观念，坚持尊法、学法、守法、用法，捍卫人格尊严，做社会主义法治的忠实崇尚者、自觉遵守者和坚定捍卫者。

◎ 健全人格：正确对待自我、他人和社会，处理好个人与他人、个人与社会的关系。

三维目标：

◎ 认知：了解预防艾滋病、拒绝毒品等相关知识、方法和策略。

◎ 情感态度观念：认清艾滋病、毒品等对生活学习带来的危害，并做到主动远离和拒绝不良诱惑。

◎ 运用：树立法治观念，主动抵制毒品等各种不良诱惑，提高自我保护能力。

一、案例探索

目前，我国吸毒人群中 35 岁以下的青少年比例竟高达 77%，而初次吸毒的平均年龄不足 20 岁，16 岁以下的吸毒人数更是数以万计。吸毒人群的低龄化正在成为一个令人忧虑的社会问题。记者来到汕头市公安局强制戒毒所进行采访。

今年 15 岁的阿兵 (化名，下同) 是汕头市强制戒毒所里年龄最小的。阿兵是澄海外砂人，年幼其母病亡，父亲忙于生计无暇照管他。从 7 岁起，阿兵就开始模仿大人们抽烟，并以之为荣。他说：“每天放学后燃起一根香烟吞云吐雾，走在同学们中间感觉特有面子。” 14 岁那年，勉强读到初一的阿兵干脆辍学了，终日跟在几位“大哥”身后当小兄弟。去年年初，他结识了一位做餐饮生意的“大哥”，几番来往后，阿兵很得大哥喜欢。慢慢地，阿兵发现了大哥原来是“白药仔”。但他也不在意，相反还认为这是“酷”的表现。之后，趁大哥不在家，小兵偷了一点“白粉”，终于“开禁”尝了新，并从此成了一名“小道友”。吸上白药后，因无钱买药，小兵便在“道友”的“指点”下当起了“鱼虾蟹”庄家，以赌钱为营生。那些“鱼虾蟹”的骰子都用磁铁做了手脚，因此，聚赌时基本都是赢钱，有时一天纯收入达三四百元，赚了“工资”后小兵就买“药”过瘾。今年2月19日，小兵被警方抓获，在审讯时因药瘾发作口吐白沫，被送戒毒所强制戒毒。

根据汕头市公安局强制戒毒所所长介绍，吸毒与犯罪是一对孪生兄弟，一旦吸毒成瘾，家中钱财花尽后，就会编出各种理由向亲朋好友借钱，最后走上骗钱、偷窃、抢劫、卖淫、杀人等道路，祸及家庭，危害社会。

七嘴八舌

1. 阿兵是如何一步步走上吸毒这条不归路的?

2. 我们应该如何应对身边的不良诱惑?

案例透视

案例中的阿兵由于没有父母管教，在个人成长路上缺乏正确的引导，导致其难以分辨是非对错，加之青少年时期自我控制力薄弱，文化程度低，容易把不良现象和行为当成“标新立异、特立独行”的时髦行为，或者认为那是“酷”的表现，这正是造成阿兵染上毒瘾的最主要原因。

抵制不良诱惑首先要能够辨别不良诱惑。养成明辨是非的能力，提高自我控制力，能主动远离不良诱惑的困扰。当自己已经陷入不良诱惑的泥潭时，要及时止损，无法自我控制的时候，不要怯于向老师和家长寻求帮助。平时多培养良好的生活习惯，增强自我防范意识、了解法律知识，必要时利用法律手段解决问题。

二、知识延伸

（一）毒品

根据《中华人民共和国刑法》第357条规定，毒品是指鸦片、海洛因、甲基苯丙胺（冰毒）、吗啡、大麻、可卡因以及国家规定管制的其他能够使人形成瘾癖的麻醉药品和精神药品。

1. 毒品的分类

毒品可从几个角度来分类。从类型来分，可分为天然毒品、半合成毒品和合成毒品，例如通过切割未成熟的罂粟果而直接提取的鸦片就是天然制品；从毒品对人中枢神经的作用来分，又可分为具有镇静和放松作用的抑制剂、可以刺激和兴奋中枢神经系统的兴奋剂和能使人产生幻觉的致幻剂；从毒品流行的时间顺序来看，可分为传统毒品（鸦片、海洛因等）和新型毒品（冰毒、摇头丸等）。

2. 吸毒的危害

（1）身体依赖性

毒品作用于人体，使人体体能产生适应性改变，形成在药物作用下的新的平衡状态。一旦停掉药物，生理功能就会发生紊乱，出现一系列严重反应，这被称为“戒断反应”。戒断反应使人感到非常痛苦，用药者为了避免戒断反应，就必须定时用药，并且不断加大剂量，最终导致无法离开毒品。

（2）精神依赖性

毒品进入人体后作用于人的神经系统，使吸毒者出现一种渴求用药的强烈欲望，驱使吸毒者不顾一切地寻求和使用毒品。一旦出现精神依赖，即使经过脱毒治疗，在急性期戒断反应基本控制后，要完全康复原有生理机则往往需要数月甚至数年的时间。更严重的是，对毒品的依赖性难以消除。这是许多吸毒者一而在、再而三复吸的原因，也是世界医、药学界尚未解决的难题。

（3）疾病传播

吸毒还可能影响寿命并增加肝炎、性病等传染病的患病几率，尤其加快了艾滋病的感染和传播。

（二）艾滋病

艾滋病 (AIDS) 全名为“获得性免疫缺陷综合征”，是一种危害性极大的传染病。它是由感染一种能攻击人体免疫系统的病毒（HIV 病毒）所引起的。HIV 病毒把人体免疫系统中最重要的 CD4T 淋巴细胞作为主要攻击目标，大量破坏该细胞，使人体丧失免疫功能，因此易于感染各种疾病，并引发恶性肿瘤，病死率较高。

艾滋病 HIV 在人体内的潜伏期平均为 8 ~ 9 年，感染后，最开始的数年内可能不会有任何临床表现。发病年龄 80% 集中在 18 ~ 45 岁，即性生活比较活跃的年龄段，一旦发展为艾滋病，病人就会出现各种复杂多变的临床表现。一般初期的症状如同普通感冒，随着病情加重，症状会日渐增多。

艾滋病主要通过性传播、血液及血制品传播和母婴传播，目前在全世界范围内仍缺乏根治 HIV 感染的有效药物。现阶段的治疗目标是：最大限度和持久地降低病毒载量；获得免疫功能重建和维持免疫功能；提高生活质量；降低 HIV 的发病率和死亡率。

（三）其他不良诱惑

网络的广泛普及为我们的生活和学习带来了极大的便利，一些不良诱惑也随之而来，例如网络跨境赌博、直播充值打赏、暴力游戏等，特别是新冠肺炎疫情期间，线下课学习重心转向线上，更让这些诱惑有机可乘。网络带来的不良诱惑，不仅花样繁多、手续简单，而且隐秘性强、欺骗性大、资金流动快速，追回困难，对于青少年危害极大。

例如，近期上海金山侦破一起组织他人参与跨境网络赌博案是公安部打击跨境赌博犯罪十起典型案例之一。群众举报称有人在分发网络赌博账号供他人赌博。金山分局立即开展侦查工作，并从一名赌客入手顺藤摸瓜，调查发现为其提供赌博网址的徐姓女子背后极有可能隐藏着一个犯罪团伙。经调查，以“徐敏”等人为首的网络赌博团伙，通过开设境外赌博网站、手机 APP 等方式，组织他人以网络赌球、百家乐等方式进行赌博，并从中分成，合计涉案资金 1000 多万元。2020 年 4 月 15 日，金山分局开展集中抓捕行动，抓获 19 名嫌疑人，当场扣押涉案手机 20 余部、电脑 10 余台。目前，以涉嫌开设赌场罪对 13 名犯罪嫌疑人采取刑事强制措施，另有 7 人因赌博被依法行政处罚。

面对各种各样的诱惑，只有自律才是最为可靠的法宝。

三、心动行动

（一）活动：了解“延迟满足”实验

1. 活动目的

通过对“延迟满足”实验的学习，让学生懂得“学会克制”的意义，从而学会自制地面对生活中的诱惑。

2. 活动内容

阅读“延迟满足”案例，并谈谈自己的看法。

美国心理学家米卡尔对小朋友进行了一次“糖果诱惑”的实验。老师给每个小朋友发了1块糖，并告知孩子们他们可以选择立即吃掉这颗糖，也可以选择不吃糖，等到老师回来就能多得1块糖果。

小朋友们的表现大不相同：一部分孩子立即吃掉了诱人的糖果；一部分孩子虽然犹豫和挣扎，但还是吃掉了糖果；也有一部分孩子为了多得1颗糖果努力地坚持。在这个过程中他们有的紧闭双眼，有的去做其他游戏等，最终得到了2颗糖果。

心理学家追踪经历过这次“糖果诱惑”的孩子们的生活和学习直到他们初中毕业。结果发现，能够坚持等到第2颗糖果的小朋友，即适应“延迟满足”的孩子在生活中更加自律，成绩更加优异，与人相处也比较友善。

3. 你说我说

（1）阅读该实验的内容，请问你觉得什么是“延迟满足”？

（2）“学会克制”在抵制不良诱惑，以及平时的生活、学习中有什么样的积极意义？如何对自己进行有效的约束？

4. 学以致用

愿望清单：请把自己想买的东西列成一个清单。每当要想什么，或者想到需要什么的时候就写在清单上，例如耳机、新手机、球衣、笔记本电脑、游戏卡……

当愿望清单积累到一定程度时，再来讨论：哪些东西是非急需品？哪些产品价格过于昂贵？哪些买来并没有价值？然后，将那些非必需、非急需的项目从清单上一一清除。最后，将愿望清单缩减为真正想要的几项。

通过这种清单式的讨论和选择，我们可以从中体会克制的重要性，避免因为一时的冲动行事，懂得任何支出都应该带来价值的道理。

四、拓展阅读

观察学习理论实验

班杜拉是行为主义代表人物。他认为，人的行为，特别是人的复杂行为主要是后天习得的。其中最为经典的实验是这样的：班杜拉选择了66名四岁的儿童作为被试，并随机分成三组，让他们观看同样的电影画面：一个成年男子（榜样人物）对一个像成人那么大的玩具娃娃做出攻击行为，如大声吼叫或拳打脚踢。随后，不同组的儿童看到的对待同一攻击行为的不同对待结果的画面：

第一组是攻击－奖赏组：该组儿童看到榜样人物采取攻击行为后，另一个成年人对他进行了奖赏，称赞他为勇敢的胜利者，并给了他巧克力等食品。

第二组为攻击－惩罚组：该组儿童看到榜样人物采取攻击行为后，另一个成年人指责他，骂他是暴徒，打他并迫使他低头逃跑。

第三组是控制组：该组儿童看到榜样人物采取攻击行为后，既没有受到奖赏，也没有受到惩罚。

之后儿童一个个单独被领到一个房间里去。房间里放着各种玩具，其中包括玩具娃娃，在十分钟里，研究人员观察并记录儿童的行为。结果表明，攻击－惩罚组（第二组）的儿童，同控制组（第三组）儿童相比，在玩洋娃娃时，侵犯行为显著减少。反之，攻击－奖赏组（第一组）的儿童，在自由玩洋娃娃时模仿侵犯行为的现象相当严重。

【阅读思考】

观察学习理论强调成人的言语、行为对儿童有明显影响，儿童可以通过观察成人榜样的行为而习得新的行为，而非通过条件刺激与条件反射的联结或者对于行为的强化来习得新的行为。随着互联网的快速发展，许多青少年痴迷于网络暴力游戏，从而走上了犯罪的道路。从对班杜拉社会学习理论的分析可以得知，网络暴力游戏对青少年暴力行为有很大影响。为了减少青少年暴力行为的发生，在对其进行干预时要注重社会各方面的相互配合。

第二节　筑造心灵防火墙

一切暴力都可以不经斗争使对方屈服，却不能使对方顺从。

——托尔斯泰

【目标引领】

核心素养：

◎ 政治认同：培育中职学生的法制意识和法治观念，有助于他们依法行使权利、履行义务，捍卫人格尊严，维护公平正义，做社会主义法治的忠实崇尚者、自觉遵守者和坚定捍卫者。

◎ 健全人格：能自我调节和管理情绪，做到自立自强、坚韧乐观，提高心理健康水平，具有健康心理、积极心理品质和良好个性心理特征。

三维目标：

◎ 认知：掌握校园人际冲突的成因、特点和应对策略；认识校园暴力的危害。

◎ 情感态度观念：谴责校园欺凌、暴力的行为；主动培养健康的生活方式。

◎ 运用：养成健康的生活方式与行为方式，构建安全文明校园。

一、案例探索

好朋友怎么了

小王和小李原本是一对好朋友。平时他们一起出入教室、图书馆、实验室、宿舍、食堂，可谓情同兄弟，形影不离。他们有共同的兴趣爱好、共同的人生目标；他们互相帮助，互相关心，两人的学习成绩都很好。后来，小王被同学们推选为学生会的学习部长，这时小李的心理就失去了平衡。他认为，两人的学习成绩、工作能力等都不相上下，各方面表现也差不多，为什么好友小王能当学习部长，还被评为“三好生”，而自己却“一事无成”呢？小李百思不得其解，越想心情越糟糕，心中开始滋长不满和怨恨情绪。从此，两个好友开始疏远，小李还经常无中生有，造谣中伤，使小王受到伤害，两人关系越来越紧张，一对好朋友几乎变成了仇人。

七嘴八舌

1. 面对这样的问题，如果你是小李，你会怎么办？如果你是小王，你又会怎么解决？

2. 你在生活中有没有遇到过类似问题？有没有解决？又是怎么解决的呢？

案例透视

其实故事中的小王和小李可以不用反目成仇，归根究底，还是小李的嫉妒心理在作怪。当人际关系出现问题，原因有很多，最主要的是：自卑心理、自傲心理、自私心理、恐惧心理、封闭心理、害羞心理、嫉妒心理、猜疑心理、逆反心理、干涉心理。只要我们树立平等交往、真诚交往、主动交往、学而得之和以交往促发展的观念，学会人际关系交往的一些小技巧，例如倾听、赞美以及自控调节，许多问题都可以迎刃而解。

人们在生活中，必然要与别人建立联系、沟通交流，从而建立人际关系。在学校里，你是否因为自己的人际交往而烦恼？中职生虽然以学习为重，但人际关系问题也不可忽视。

二、知识延伸

1. 倾听是门艺术，要学会“听话”。听取关键词、弄清楚对方话语里的各种暗示尤为重要。我们只要在自己回应对方的谈话中，加入对方说过的关键性内容，对方就可以感觉到你对他所说的话很感兴趣或者很关心，从而更加敞露心扉。

2. 反应式倾听，是一种尤为有效的倾听技巧，指的是重述刚刚所听到的话。这可以让对方知道我们一直在听他说话，也听懂了的真实想法。但是反应式倾听不是鹦鹉学舌，而是要转化为自己的语言表达出来。

三、心动行动

活动：设立情境谈做法

1. 活动目的

使学生学会做一个好的倾听者，在生活中做一个善于聆听的人，同时，让学生意识到，在遭遇困难或情绪失调时，也可以向他人倾诉，排忧解难。

2. 活动内容

设立如下情境：朋友向你倾诉：“期中考试的试卷发下来了，我又没考好。我不敢告诉父母，他们为了供我上学拼命地赚钱，已经很辛苦了。我不想让他们知道。每天早晨起来，我都鼓励自己要努力地学习，但是感觉压力很大，要考出好成绩真的好难呀！”你会如何回答？

3. 你说我说

（1）在倾听过程中，应注意哪些方面？

（2）在生活中，你是更愿意向他人倾诉，还是更愿意倾听？

4. 学以致用

人际沟通的关键在于让你的朋友感觉到，你是在认真地听他说话，而且理解了他的意思，理解了他的心情。很多人都有好为人师的倾向，误以为朋友向自己倾诉就是需要自己帮他出主意，因此在沟通中急于用自己的感受代替别人的感受，急于表达自己的意见或提出劝告。事实上只有倾诉者才最清楚自己需要的是什么，才能为自己的行为作选择。他通过倾诉，希望寻求的只不过是一种关心、理解和心理支持。因此，把对方所说的意思简要地反馈给对方，就是最简单但是又十分有效的人际沟通小窍门。请在下次聆听之时，尝试用用以上的倾听小技巧。

5. 知识延伸

在倾诉的时候，其实大多数人都不敢直接说出自己的真实想法和感受，他们往往会运用一些叙述或疑问性的话语，进行有意或无意的暗示来表达自己。但是这种暗示性的说法对有效的沟通起阻碍作用：在遇到不良的听众的时候，他们话中的真实意义往往被人所误解，最后很可能会引发言语上的冲突，雪上加霜。所以一旦遇到暗示性强烈的话语，就应该及时反馈，鼓励说话人把想法用更清晰的语言表达出来。

四、拓展阅读

蒲松龄草亭路问的故事

蒲松龄 (1640–1715)，字留仙，号柳泉居士，世称“聊斋先生“，山东淄川 (今属淄博) 人，清代文学家。

蒲松龄出身于一个逐渐败落的地主家庭，广读经史，学识渊博。他连续四次参加举人考试而全部落榜。家境贫寒，生活清苦，一生很少出门旅游。于是他就在家附近的路边搭建茅草凉亭，设茶待客，与过往的行人促膝而谈，听他们谈狐说鬼，几十年如一日地辛勤记录过路行人所讲的故事，以搜集创作素材。

经过自己废寝忘食的创作，终于完成了我国文言文短篇志怪小说中成就最高的作品集——《聊斋志异》。郭沫若先生就曾经曾赞它“写鬼写妖高人一等，刺贪刺虐入骨三分”，老舍先生也评价说“鬼狐有性格，笑骂成文章”。

【阅读思考】

倾听，是对人的基本尊重，也是一种有效的沟通手段。侧耳倾听，比夸夸其谈更容易赢得他人的好感与支持。在倾听的时候，听话者一定要注意自己的态度是否和善耐心，如果听话者态度封闭或冷淡，说话者就会受挫，不愿意敞开心胸。如果听话的人态度开放、表现出倾听的强烈意愿，那说话的人就会受到鼓舞，说出自己真实的想法。在倾听的过程中，要善于利用自己的眼睛进行观察。观察说话者的面部表情、肢体语言，从而了解对方的真实态度，以便更好地将交流继续下去。

第五部分

学会学习　终身受益

【卷首语】

学习，是个人发展和前进的动力源泉。在学习的路上，会有困难阻力，会有迟疑犹豫，但我们一直相信，培养良好的学习动机，掌握学习方法和策略，养成终身学习的意识，更好地充实自我，才能塑造更好的自己。

生命的美丽自然应当这样：
像一个个美丽温柔的童话，
在深邃的梦中被母亲轻吟。
生命的厚重自然应当这样：
像一首首古奥深刻的史诗，
在孤独的灯下被少年诵读。
青春向来布满丛生的荆棘，
我们则开卷以知识为武器；
青春洋溢古老书册的光华，
我们放飞朝气蓬勃的梦想。
漫漫天地间上下求知最美，
希望从我们学会学习开始。
读书不觉老，人学始知道。
双眼明如镜，人生坦而荡。

第十三议题　我们为什么要学习？

第一节　学习伴成长

生活的全部意义在于无穷地探索尚未知道的东西，在于不断地增加更多的知识。

——左拉

【目标引领】

核心素养：

◎ 职业精神：树立正确职业理想和职业观念，培养科学精神，提高辩证思维能力。

◎ 健全人格：正确认识自我，学会有效学习，确立符合社会需要和自身实际的积极生活目标。

三维目标：

◎ 认知：理解学习的重要性。

◎ 情感态度观念：学会处理学习与个人成长之间的联系。

◎ 运用：分析学习的作用和意义，培养学习兴趣。

一、案例探索

中职一年级的小王在课上总是昏沉沉的，时不时就会趴在桌子上睡觉，各种作业也不愿意交，成绩也从初入学的名列前茅迅速下降到最后一名。刚开始，班级老师和任课老师多番劝导他按时完成作业，但收效甚微，小王对待学习仍然我行我素。

转眼到了第二学期，他愈加“过分”了，开始无故旷课。班主任告知小王的父母：如果小王继续无故缺勤可能会被勒令退学，父母也是低声下气地道歉并表示会让他回学校的。

学校老师通过向小王挚友了解，才知道原来小王是因为痴迷于网络游戏不能自拔，还帮着班级的同学在游戏里上分，同时在淘宝上接单代打游戏，自己也赚了一点小钱，萌生了想要去当游戏主播的念头，甚至想去上与游戏有关的技校。班主任问他：“在学校应该先完成学业，不可以毕业或考上大学之后再去追求梦想吗？”他说：“不行啊，那时候年龄就大了，追求梦想都是这个年纪开始做的啊！”

七嘴八舌

1. 小王说的有道理吗？如何理解学习这件事情呢？

2. 如果你是老师，会怎样劝说小王认真学习呢？

案例透视

案例中的小王痴迷游戏，想要中途辍学，把游戏当作职业，其实从事游戏行业需要学习大量的知识和技能。游戏的设计，包含角色设计、界面美工、战略战术等，都需要英语、物理、心理等知识作为理论基础。如果小王能够努力考上好的大学，并充分利用好时间学习相关知识和技能，如果他对游戏行业依然拥有热情，那才有可能真正进入游戏行业发展。

学习是指在生活过程中凭借经验产生的行为，或行为潜能的相对持久的变化。具体来说，学习是指通过阅读、听讲、思考、研究、实践等途径获得知识和技能的过程。心理学家加涅提出学习的不同分类，例如：连续动作学习、言语联结学习、辨别学习、概念规则学习和解决问题方法学习等。

学习的作用不仅局限于对知识和技能的掌握，学习还使人聪慧，有助于完善人格，使人全面发展。学习是一个永恒的主题，学校要探索学习的重要意义，不断总结学习的科学方法。古人云“吾生而有涯，而知也无涯。”当随着世界的高速发展，新情况、新问题层出不穷，知识更新的速度大大加快。人们要适应不断发展变化的客观世界，就必须在学习上化被动为主动，培养终身学习的意识和能力。

二、知识延伸

1. 明确学习动机和学习目标是学习的首要前提。动机和目标是促使人们落实学习行为的动力。只有目标明确学习目标和动机，学习才不会盲目，才不会停滞不前。

2. 理解学习的意义有利于主动学习。要明白现在所学的知识在未来可能会用到，学习不会是徒劳的，要用长远的眼光看待它。

3. 学习要脚踏实地，一步一个脚印，既不能眼高手低，也不要急于求成，更不能三天打鱼两天晒网，只有夯实基础才能站得稳。

三、心动行动

（一）活动一：谈谈学习语文的意义

1. 活动目的

纠正“学习语文无用论”的错误观念，理解语文学习的重要性，从而提高学习语文的主动性和积极性。

2. 活动内容

讨论语文学习的意义，并上台发言。有些同学对学校学习的科目不感兴趣，认为很多科目在未来根本用不到。他们会觉得自己能看得懂、能会说、会写就行了，自己将来也不会当作家，不需要学习这么多的语文知识。那我们来思考一下，学习语文有什么用呢？

3. 你说我说

（1）学习语文对于我们的生活有哪些作用？

（2）谈谈你学习语文的经验。

4. 学以致用

（1）语文的学习并非速成，而要靠平时一点一滴的积累，一定要多阅读、多背诵，做生活中的有心人。请你带着课堂讨论中谈到的语文学习经验，在今后的学习中重新认识这门学科，并认真对待这门学科。

（2）通过上述活动，我们可以找到学习语文的意义和作用。接下来，请根据你的课表，分析学习不同学科的作用。

学科	作用 1	作用 2	作用 3
语文			
数学			
英语			
政治			
……			

5. 知识驿站

（1）语文是理解问题和表达思想的手段

学语文有利于提高文字理解问题和语言表达能力。很多同学表达能力不强，是因为语文没有学好，不善于把自己的想法用合适的语言阐述清楚，并逻辑清晰地组织成句。

（2）学好语文是职业化的基本训练

学好语文是成为一个职业人所必须具备的素质，把一件事情简单明了地传达给对方，这需要职业化的训练。如果语文功底不够扎实，就会给别人留下“业余”的印象。

（3）学好语文有利于帮助自我素质的提升

语言表达能力不同的人，语言水平是不同的。有的人可以简单、准确地表述，但有的人就含糊其辞的表述。学好语文，意味着准确，直接地表达自我想法。若想提高自己的语言表达能力，就需要学好语文。

活动小提示：

可以采用头脑风暴、讨论学习等形式，讨论各类学科的意义与作用，并记录在表格中。每门学科都有其重要的作用，深刻影响着学生的成长和发展，明确自身学习的目的，可以有效提升学习效率和提高学习热情。

四、拓展阅读

什么时候都不要放弃学习

上海市工业技术学校数控技术应用专业毕业生任培强，出生于1992年，目前就职于上海航天精密机械研究所，他的座右铭是“什么时候都不要放弃学习”，要以努力来书写自己的青春。

任培强是上海航天精密机械研究所加工中心操作工，他介绍说：“我们单位招的人分两类：技术和技能，技术人员都是高学历的，硕士、博士很常见。我属于技能类，主要做产品和零部件相关的加工。”2012年，他从上海市工业技术学校数控技术应用专业毕业，还是当年的优秀毕业生；同年9月，他进入研究所103车间工作，并与经验丰富的高级技师签订“师带徒”协议。

他知道，跟着老师傅学手艺，能得到多少全看自己用不用心。于是，师傅在干活时，任培强从来都是认认真真地看着、学着，等师傅停下来他便立马提出不懂的地方，虚心向师傅请教。他成长很快，短短两个月时间就熟练掌握班组数控机床的操作技巧，迅速成为师傅的得力干将。

走上工作岗位后的第一年，他就凭借自己扎实的基本功和较强的领悟能力，很快实现了角色的转变，成为组内年轻的骨干力量。

工作几年，他几乎每年都可以拿到大型比赛的奖项：他曾荣获 2012 年上海市数控铣工技术比赛第一名，2014 年上海市数控铣工技术比赛第一名，2014 年上海市技术能手，2015 年全国职业技能竞赛团体第四名，2015 年上海市青年岗位能手，2015 年中央企业优秀共青团员，上海市五一劳动奖章，2016 年上海职工数控技能大赛个人铜奖，2016 年上海市技术能手，2017 年集团公司优秀共青团员……车间师傅们都纷纷为他点赞。

“虽然我的实际操作能力非常强，但我一直很有危机感，我没有高学历，没办法一下子进入技术人员行列，所以我必须向他们学习。”

任培强特别喜欢和技术人员在一起交流，在他看来，这是一个互相学习的过程，他跟他们交流机器操作，他们教他理论基础和软件操作。“前两天他们教了我力学分析软件和金属热处理方面的理论知识，我以前从来没有接触过这块，觉得收获好大，我现在就像海绵一样吸收这些知识。”

平时，他还坚持自学编程。“编程的学习，对于我进行产品加工和产品管理有很大帮助。”除了学习跟专业有关的知识，他还在不断提升学历。现在，他已经拿到大专文凭，目前正在学习本科课程。

“在航天的舞台上，高手比比皆是，能学多少、掌握多少、进步多少全看自己的努力程度。”任培强说。他的座右铭是“什么时候都不要放弃学习”，他也正以努力来书写自己的青春。

【阅读思考】

任培强作为中职校毕业生，始终将学习放在心上。在实践中学习、与技术人员交流学习、自学编程等都提高了任培强在工作中的竞争力，帮助他取得了一个又一个的好成绩。通过任培强的事例我们可以认识到，即使起点较低，只要通过不断地学习、不断的努力，也可以在自己的岗位上大放异彩。

仅仅依靠在学校课堂上学到的知识还远远不够，还要学会利用身边的资源，如参加线上课堂、向有专长的同学请教等。在信息化的时代，如果不懂得主动寻求学习资源，就很容易被别人超越。机会总是留给有准备的人。

第二节　激发学习动机和兴趣

人学始知道，不学非自然。

——孟郊

【目标引领】

核心素养：

◎ 职业精神：能够根据社会发展需要和自身特点进行职业生涯规划，坚定通过职业发展实现人生出彩的信心。

◎ 健全人格：确立符合社会需要和自身实际的积极生活目标，培养责任感和创新精神，培养职业兴趣，学会有效学习，学会竞争与合作。

三维目标：

◎ 认知：了解学习的动机和目的，掌握激发学习动机和兴趣的方法。

◎ 情感态度观念：端正学习态度，培养良好的学习动机和兴趣。

◎ 运用：分析学习效率低下的原因，运用所学方法提高学习动机和效率。

一、案例导入

小王之前因为沉迷游戏，学习进度落下很多。在这次和班主任的聊天中他明白，未来想要从事游戏行业，需要大量的知识和技能作为铺垫。于是他重新回到学习轨道上来，开始认真听课。可是小王发现，自己虽然想学，但总是感觉缺少动力，对待学习只有“三分钟热度”，注意力很容易分散，小王对于自己的学习状态不满意，这次他鼓起勇气敲开了心理老师的办公室门。

老师：“小王，有什么事情需要和我聊一聊？”

小王：“老师，我非常希望自己能够努力学习，这样未来会有更好的发展。可是我才学习没多久就坚持不下去了，觉得自己没有意志力，平时做任何事情都是三分钟热度。我该如何改变这种状态呢？”

老师：“是的，能够感觉到你想学习的欲望，又没有足够的动力能让你坚持下去，所以成绩不够理想。这是必然的结果。要改变这个结果，我们首先得找到足够维持长时间学习的动力，不要被动地学习，而应主动地学习。现在你的学习动力只是希望自己学习成绩好点，我们能不能把这个动力再深挖呢。”

小王：“深挖动力？老师这要怎么办呢？”

七嘴八舌

小王最近被学习的事情困扰着，似乎找不到学习的动力和兴趣，那么你有哪些好方法可以帮助小王找到学习动机、提高学习兴趣呢？

案例透视

小王学习只能保持“三分钟热度”，注意力难以集中，是因为他虽然有学习意向，但并没有把他的兴趣与学习动机结合起来，也缺乏一个明确的目标引导方向，导致他“知道自己要学习”，但不知道“为什么学习”，以及“怎么开展学习”。动机和兴趣是积极探究某种事物或进行某种活动的倾向。它是推动学生学习的一种最实际的内部动力，是学生学习积极性中最现实、最活跃的心理成分。学习动机和兴趣可以使各种感官和大脑处于高度兴奋状态，使注意更集中、感知更清晰、想象更丰富、思维更敏捷、记忆更牢固，使学生能够最佳地接受教学信息。浓厚的学习兴趣，能使学生在繁重的刻苦学习过程中抑制疲劳，产生愉快的情绪。

提高学习动机的方法：

1. 合适的反馈

老师和家长的反馈对于学生学习动机的维持具有重要的作用。一方面学生可以根据老师的反馈调整学习活动，改进学习方法；另一方面在老师和家长的鼓励下，学生还可以增强学习的主动性和积极性。

2. 适度的奖励

在日常的学习中，每完成一个阶段的学习任务，就可以适度给自己一些奖励，有利于持续保持学习动机，对学习有促进作用。但过多的奖励也会造成负面影响。当学生把奖励视为目标时，学习动机就会降低；只有当奖励被看作是与成功有关时，内部动机才会提高。

3. 提升学习兴趣

挖掘学习中自身感兴趣的方面，将学习知识与自身兴趣联系起来，这样主动学习的动机也就培养起来了。

4. 学会客观归因

学会对失败和成功进行客观的归因。有的同学往往将学习的失败归于自己太笨、无能、学不会等原因，于是就自我否定，一蹶不振，导致自信心不足、学习兴趣降低，长期则会产生学习上的无助性。这种情况下，学生需要对自身学习状态进行分析，强化自身努力的积极因素，保持良好的学习动机。

二、知识延伸

1. 增强对学习的兴趣，能够有效并长久地进入良好的学习状态。除了建立学习动机之外，还需要增强并保持学习兴趣。

2. 制定小目标有利于保持学习兴趣。制定较易实现的阶段性的小目标，能在不断实现目标的愉悦中保持学习动力。

3. 寻找志同道合的朋友，一起学习，一起进步，与他人合作学习要比独自学习更有效率，两人互相督促，互相指导，有利于提高注意力，保持对学习的兴趣。

三、心动行动

（一）活动一：学习动机小测试

1. 活动目标

学生对自己目前的学习动机有更为清晰的感知，并判断自己的学习动机能否维持自己长时间的学习，找到更为强烈的学习动机。

2. 活动内容

填写调查问卷并进行自我分析。

学习动机自测

本问卷每题后面有两个选项，只要在所选的选项相应的数字上面画“√”。

1=“是”、2=“否”

（1）如果别人不督促你，你极少主动地学习。1.（　）　2.（　）

（2）当你读书时，需要很长的时间才能提起精神来。1.（　）　2.（　）

（3）你一读书就觉得疲劳与厌倦，只想睡觉。1.（　）　2.（　）

（4）除了老师指定的作业外，你不想再多看书。1.（ ） 2.（ ）

（5）如有不懂的，你根本不想设法弄懂它。1.（ ） 2.（ ）

（6）你常想自己不用花太多的时间成绩也会超过别人。1.（ ） 2.（ ）

（7）你迫切希望在短时间内就大幅度提高自己的学习成绩。1.（ ） 2.（ ）

（8）你常为短时间内成绩没能提高而烦恼不已。1.（ ） 2.（ ）

（9）为了及时完成某项作业，你宁愿废寝忘食、通宵达旦。1.（ ） 2.（ ）

（10）为了把功课学好，你放弃了许多感兴趣的活动，比如体育锻炼、看电影与郊游等。1.（ ） 2.（ ）

（11）你觉得读书没意思，想去找个工作做。1.（ ） 2.（ ）

（12）课本的基础知识没啥好学，看高深的理论作品才有意思。1.（ ） 2.（ ）

（13）在你喜欢的科目上狠下功夫，而对不喜欢的科目放任自流。1.（ ） 2.（ ）

（14）在课外读物上的时间比花在教科书上的时间要多得多。1.（ ） 2.（ ）

（15）你把自己的时间平均分配在各科上。1.（ ） 2.（ ）

（16）你给自己定下的学习目标，多数因做不到而不得不放弃。1.（ ） 2.（ ）

（17）你几乎毫不费力就实现了自己的学习目的。1.（ ） 2.（ ）

（18）你总是同时为实现几个学习目标忙得焦头烂额。1.（ ） 2.（ ）

（19）为了应付每天的学习任务，你已经感到力不从心。1.（ ） 2.（ ）

（20）为了实现一个大目标，不再给自己制定循序渐进的小目标。1.（ ） 2.（ ）

评分标准：

每个题目若选“1”则记 1 分，选“2”则记 0 分。20 个题目分成 4 组，它们分别检查在学习动机上四个方面的困扰程度：

1–5 题测查学习动机是否太弱；得分________

6–10 题测查学习动机是否太强；得分________

11–15 题测查学习兴趣是否存在困扰；得分________

16–20 题测查学习目标是否存在困扰；得分________

假如在某组（每组 5 题）中的得分在 3 分以上，则可认定在相应的学习动机上存在一些不够正确的认识，或存在一定程度的困扰。总分说明如下：

1–5 分：说明学习动机上有少许问题，必要时可以调整。

6–13 分：说明学习动机上有一定问题和困扰，可以调整。

14–20 分：说明学习动机上有严重问题和困扰，必须要调整。

3. 你说我说：

（1）请你谈一谈自己的测试结果，分析出现该种结果的原因。

（2）如果你认为你的测试结果不尽理想，想一想该如何改变现状呢？

4. 学以致用：

请同学们结合测试和自身日常学习情况，分析自身厌学、学习效率低的原因。

我的测试结果______________________________。

我的日常学习场景____________________________。

我厌学的原因是_____________________________。

学习效率低的原因是___________________________。

5. 知识驿站：

学习动机曲线

在一般情况下，动机水平增加，学习效果也会提高。但是，动机水平也并不是越高越好，动机水平超过一定限度，学习效果反而更差。美国心理学家耶克斯 (Yerkes) 和多德森 (Dodson) 认为，中等程度的动机激起水平最有利于学习效果的提高。同时，他们还发现，最佳的动机激起水平与作业难度密切相关：任务较容易，最佳激起水平较高；任务难度中等，最佳动机激起水平也适中；任务越困难，最佳激起水平越低。这便是有名的耶克斯 – 多德森定律 (简称倒 "U" 曲线)。

耶克斯—多德森定律（简称倒“U”曲线）

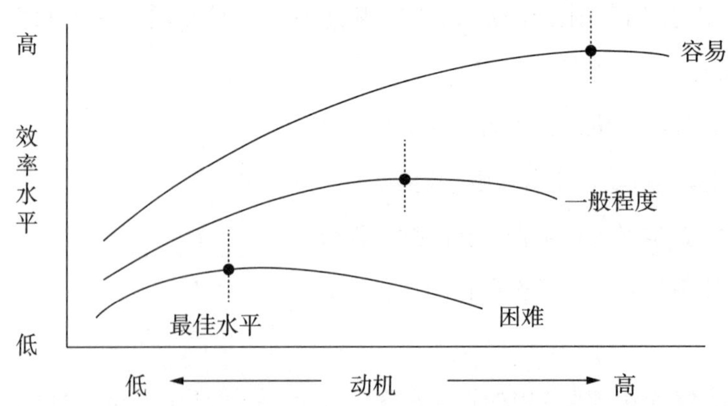

四、拓展阅读

兴趣＋努力，成就技能冠军

2018年1月5日，常州技师学院机械系4年级学生宋彪获得省政府奖励80万元，并被授予“江苏大工匠”荣誉称号。加上此前国家人社部奖励的30万元，年仅19岁的宋彪因为出色的技能已赢得百万奖励，同时直接晋升副教授。

去年10月结束的第44届世界技能大赛上，首次参赛的宋彪获得工业机械装调项目金牌，并因在所有选手中得分最高获得大赛唯一最高奖——阿尔伯特·维达尔奖。这是中国选手首次获得该项大奖。回国后，宋彪及其教练团队受到国务院总理李克强的亲切接见，并受到国家人社部表彰。

如今的宋彪，已经成为校园“明星”，走在路上常有人要求合影，还有校外“粉丝”专程赶到常州技师学院，只为看看宋彪长啥样。面对荣誉和掌声，宋彪很是淡然：“我只是在参赛中执行教练部署，尽量把平时训练水平发挥出来。决赛是我感觉最轻松的一次比赛，想着结束了可以回家就很开心。”

那一刻的轻松，建立在整整一年、日复一日艰苦打磨技术的基础上。工业机械装调，是现代智能制造的重要环节，也是世界技能大赛中对选手能力挑战最大的一个项目。常州技师学院副院长陈立群介绍，这个项目包含钳工、焊工、车工、电工、计算机编程、工业装配等多项技能，需要选手样样精通、全面发展。宋彪动手能力强，悟性也高，能够吃透专家团队传授的技巧，每天进行艰苦训练，取得好成绩，跟这些是分不开的。

“兴趣是最好的老师！”当被问及获得世界大奖的根本原因，宋彪脱口而出。上初中时，宋彪的文化课不突出，中考没能考上理想的中学。在工厂打工的父亲坚信“学门技术到哪儿都有饭吃”，给儿子报了常州技师学院机械系。“以前不知道自己的动手能力这么强，到技校后才发现自己有这方面天赋，学习越来越自信。”宋彪说，因为喜欢，课余时间自己常守在车间琢磨产品设计，平时训练也比别人花更多时间，每次取得一点进步都很有成就感。

获奖之后的宋彪开始新的生活，目前正苦学德语，准备一年后赴德国留学。“他的技能水平已达到一定高度，但在对智能制造产品的认识、专业理论水平等方面还需要补课。小伙子心态很好，学习劲头仍然十足。”陈立群欣慰地说。

宋彪也以自己的经历寄语同龄人：“三百六十行，行行出状元。考大学不是唯一出路，找到自己的兴趣点，努力钻研，付出总会有回报。”

宋彪获大奖，给了常州技师学院学生们莫大激励。“宋彪拿到世界大奖，很了不起！以前，我们读技校的同学对比大学生难免有点自卑，现在想通了，好好学技术，以后并不比考大学差。”宋彪同学张维钰说。

【阅读思考】

宋彪的成才起点来源自己的兴趣爱好。从古至今，凡是在某方面做出成绩的人，除了拥有勤奋、毅力和勇于创新的精神外，他们还有一个内在的共同点，就是对某种事物有浓厚的“兴趣”。兴趣是最强烈的学习动机，能够使人孜孜不倦的吸收新知识。我们在生活和学习中，应当勇于尝试，多接触新鲜事物，寻找自己的兴趣所在。在兴趣的驱动下，享受学习过程，从学习中获得愉悦感和满足感。

第十四议题　我们如何学习？

第一节　学习能力训练

唯一能持久的竞争优势是胜过竞争对手的学习能力。

——盖亚斯

【目标引领】

核心素养：

◎ 职业精神：具备理性思维、批判质疑、勇于探究的科学精神，具有积极劳动态度和良好劳动习惯，提高职业技能的自觉性。

◎ 健全人格：正确认识自我，学会有效学习，确立符合社会需要和自身实际的积极生活目标，养成自信、自律、敬业、乐群的心理品质。

三维目标：

◎ 认知：了解不同的学习能力层次，掌握提高学习能力的方法。

◎ 情感态度观念：领会学习能力对于个人生涯发展的关键作用。

◎ 运用：分析自我学习能力现状，能够积极参与学习能力训练，实现能力转化。

一、案例探索

小李是中职一年级的学生，他的背诵能力很强，默写经常是满分。然而，除了默写之外，小李在口语表达、阅读理解、逻辑运算等方面的能力比较弱。为了解决这个问题，小李分别询问了三位同学。小红说：语言表达能力很重要的，平时学习和未来工作都需要良好的语言表达。小方说：动手实践才是关键，未来我们都是技术型人才，只会说肯定是不行的，需要操作能力和技术。最后小周说：俗话说，“学好数理化，出门都不怕”，这不就说明了理科的重要性么，肯定是需要加强数学逻辑能力的学习。

七嘴八舌

1. 听了三位同学的意见后，你认为小李会采取什么样的行动呢？

2. 对你而言，哪种学习能力最重要？

案例透视

了解自身的学习能力，在日常生活中做到取长补短才是合适的方式。

案例中小李存在能力发展不均衡不充分的问题，这也是很多同学会面临的问题。进入互联网时代后，就业市场上分工越来越细，各种知识资讯瞬息万变，各类工作走向专业化、精细化，对人的能力要求也越来越高。面对这样的竞争环境与发展机遇，小李应该充分突出自己长处，同时补足自身劣势。

学习能力是指个体从事学习活动所需具备的心理特征。中国教育家协会将学习能力表现界定为六项“多元才能”和十二种“核心能力”的体系。所谓六项“多元才能”是指知识整合能力、社交能力、心理素质、团队合作能力、理财能力、策划与决策能力。而十二种“核心能力”是指注意力、观察力、记忆力、思维力、想象力、创造力、理解力、语言表达能力、操作能力、运算能力、知觉能力。

培养学习能力的注意事项：

1. 培养强烈的求知欲望

信息社会大环境下，新思想、新知识不断涌现，不断改变着人们固有的思维模式和解决问题的方式，要勇于拥抱新变化、新趋势，并且用渴望的心态去学习和接受新事物，并且在实践中不断检验和调整。

2. 培养正确的思维方式

一般来讲，对于一门新知识和新学科，我们看待它们的正确思维方式应该是：是什么、为什么以及如何做。是什么（what），是认识事物的开始。首先，清楚地认识了这件事、这门学科、这种新事物，人们才会思考形成的原因和确定如何做的方法；为什么（why），是事物形成的原因。了解这种事物出现的背景、原因以及价值、意义后，才能确定做这件事的方法；如何做（how），即做好这件事的方式方法，这是解决问题的方法问题和具体可操作的方式。经常用这种思维去思考问题，日积月累，才能逐步提高自己的学习能力。

3. 要有不断尝试的勇气

通过制定短期计划和长期计划，不断尝试，在实践中积累经验和教训，更新对新事物的认知，同时，激发学生们学习兴趣，在不断试验、调整的过程中，逐步提高认知能力和学习能力。

二、知识延伸

1. 要学会合理安排学习时间，选择自己精神状态最好的时刻去学习，有的放矢，劳逸结合，利用好碎片化时间进行学习。

2. 要适合自己的才是最好的。避免生搬硬套别人的学习方法，而是要合理借鉴、吸收转化，打破思维定势，大胆创新。

3. 要学会专注。专注地学习，是提高学习效率最有力的方法，专注会让你在最短的时间得到最充分的学习。

三、心动行动

（一）活动一：阅读材料谈感受

1. 活动目的

通过阅读材料，了解思维定势的消极意义，在学习中打破思维定势，培养批判精神和创新精神。

2. 活动内容

阅读以下材料，小组讨论后谈谈材料给你的启示：

美国康奈尔大学的威克教授曾做过一个有趣的实验。首先，他把一只瓶子平放在桌上，瓶的底部向着有光的一方，瓶口敞开，然后放进去几只蜜蜂。蜜蜂不断地向着光亮处（也就是瓶底）飞，经过几次飞行后，蜜蜂终于发现自己永远无法从瓶底飞出，最后只好认命，奄奄一息地呆在有光的瓶底。接着威克教授把蜜蜂倒出，放进几只苍蝇，然后仍然将瓶子按原先的样子摆好。没过多久，这些苍蝇一只不剩地从瓶口飞出。为什么苍蝇能找到出路？原来它们坚持多方尝试，向上向下、背光向光，一旦碰壁立即改变方向，终于找到了瓶口并飞出去。威克教授由此总结说："横冲直撞总比坐以待毙高明得多。"所以，我们不妨也让思维来个"横冲直撞"，或许看到的将是意想不到的奇妙景象。

3. 你说我说

（1）说说故事中苍蝇和蜜蜂的区别在哪里，又产生了怎样不同的后果？

（2）在学习生活中，我们如何打破思维定势？

4. 学以致用

上述材料的启示用书面的形式分享出来。在今后生活中遇到任何困难时，学生们不能坐以待毙，因循守旧，而应该勇于寻找不同的解决方法，相信总有方法能够解决难题。

5. 知识驿站

思维定势，是指头脑在筛选信息、分析问题和作出决策时，总是自觉或不自觉地按照熟悉的方向和路径去思考，而不是另辟蹊径，如果要有效地学习、解决困难，必须打破思维定势。

（1）批判性思考，自我否定，不断追问

当遇到某些观点或想法与自己的矛盾时，学生要主动去了解问题的背景、原因等具体情况。根据具体情况，再理性地分析判断，推断事情的可能性，听到不同的看法，才能学会从不同的角度看待问题。

（2）扩展知识面，避免“信息茧房”效应

笛卡尔曾经说过：“越学习，你会发现自己越无知。”当你学习的知识越多的时候，你会发现自己其实知道的很少，这是有很大的知识局限。只有拓展自己的信息渠道，让信息的来源多样化，才能开拓眼界。

（3）运用类推思维，创造性地解决问题

类推思维的过程是这样：不同领域的具体事物——寻找目标的共同点——应用到目标领域，这就是从不同的领域提炼理论，再和相同特征的领域相结合，从而指导目标领域。

四、拓展阅读

画出上海的地图

“怎样才能提高学习能力呢？”这是很多学生经常询问的一个问题。美籍华人物理学家李政道教授访问了中国科技大学。李教授在和少年班的同学们座谈的时候说：“考试，只是考一个人的记忆力，考的是运算技巧。这并不学习的重点，学习的重点是培养能力。”

“学习的重点是培养能力。”座谈会活跃起来。

李教授问：“你们谁是上海来的学生？”

“我是。”一个少年大学生答。

“你对上海的马路熟悉吧？”

“差不多都熟悉。”

“那好。我再找一个从来没去过上海的同学。”李教授一边说，一边指着另外一个少年大学生：“好，比如你，没去过上海。现在我给你一张上海地图，告诉你，明天考试的内容是画上海地图，要求标出全部主要街道的名称。”然后，李教授又回头对那位上海同学说：“不过，并不告诉你。第二天，叫你们俩来画地图。你们大家说，他们俩，那一个地图画得好一些？”

同学们不约而同地指着那位没去过上海的同学，齐声说：“当然是他画得好一些。”“大家说得对！”李教授很兴奋，接着说：“他虽然没去过，但是他的记忆力靠前，有目标，而那位上海同学虽然在上海呆的时间长，但他并没有用心的去记忆，只能靠以往的记忆，容易忘记，没有联想空间，所以记忆靠的是方法和目标，还有合理运用联想和形象等记忆方法，而不是一味的死记硬背。掌握了这种学习能力，那么其他类似的问题都可以解决了，所以学习的能力远比知识本身要重要的多。”

【阅读思考】

学习能力，是每个人不可或缺的基本能力。具备自我学习能力、懂得有效学习和利用网络资源，这就是学习的核心竞争力。坚持学习，不断为自己赋能，能让自己变得更加优秀。重视自身学习能力的提升与学习方法的掌握，这比知识本身更重要。

第二节　掌握学习方法和策略

纸上得来终觉浅，绝知此事要躬行。

——陆游

【目标引领】

核心素养：

◎ 职业精神：弘扬劳模精神和工匠精神，培养科学精神，提高辩证思维能力；具有积极的劳动态度和良好的劳动习惯，提高职业技能的自觉性。

◎ 健全人格：学会有效的学习，培养责任感和创新精神，学会竞争与合作，提高适应社会、应对挫折、求职就业的能力。

三维目标：

◎ 认知：认识到制定学习策略的重要性，掌握提高学习效率的方法。

◎ 情感态度观念：理解学习方法对提高学习效率和技术技能的重要意义，激发学习热情。

◎ 运用：结合自身特点制定个人的学习策略，提高学习效率，养成良好的学习习惯。

一、案例探索

小李是园林贯通班的学生，他勤奋努力、刻苦读书，但最近却成为班主任和家长头疼的对象。班主任反映小李上课能认真学习，但课堂参与度不高；作业能按时完成，但是正确率却不是很高。家长反映他平时在家也花费很多时间投入学习，尤其期末考试前更加用功复习，晚上都要复习到11点以后才睡觉，但是这次期中考试成绩仍然不是很好，下滑到班级22名，家长和老师都很担心小李的学习状态，他自己也开始怀疑自己的能力。因此，小李询问了同学关于学习能力提升的方法。通过与多位同伴的分享交流，小李明白到自己的学习方法可能出现了问题，自己平时虽然看似时间花得多，却效率低，同时，注意力没有很好地集中，和其他同学的学习交流也较少，缺乏经验沟通的机会。于是，小李调整了自身的学习方法，课上或者课后有疑问时便主动提问，加强对课业的预习和复习，同时注重劳逸结合，保证良好的身体状态。不出其然，在期末考试中小李的成绩得到了提高，这也增加了他的信心，更加努力去寻找适合自己的学习方法和策略。

七嘴八舌

1. 小李努力学习却出现成绩退步情况，问题究竟出在哪里？

2. 如何提高学习成绩？有哪些好的学习方法和策略呢？

案例透视

学习方法不当，学习的努力就可能白费。案例中的小李，学习很努力，但学习方法不当，导致了学习成绩下滑。掌握一定的学习方法和策略，可以帮助学生提高学习的成效。中职课程增多，内容加大，实践与理论结合更加紧密，学科更加体系化、结构化。学生要根据课程特点的变化来调整自己的学习方法，找到适合自己的学习方法才能事半功倍。

中职阶段，学生要学会合理利用时间，选择好预习时间；坚持做预习笔记。重视对知识的分析比较，形成知识网络，训练发散性思维。培养良好的课堂习惯，提高听课效率，主要通过课前认真预习提出自己的问题，课上做好笔记并举一反三的思考，课后及时整理笔记、消化吸收：明确课程的目标，反复阅读教材。圈注点评重点、注意事项；在实践操作中细致地、有计划地进行观察活动，运用各种感觉器官注意观察和进行操作；要及时进行课后复习，以达到巩固提高的目的。

二、知识延伸

学习方法和策略是指在学习情境中，学习者对学习任务的认识、对学习方法的调用和对学习过程的调控。一般包含认知策略、过程监控策略和资源管理策略。认知策略是指对于新的知识和信息进行加工和整理。例如：做笔记、课后复习、建构思维导图、列提纲等；过程监控策略是指对学习过程积极的监控、评价和修改；资源管理策略是指管理学习中运用可用的环境和资源，从而提高学习效率。学习资源管理包括时间管理、学习环境管理、学习工具利用、寻求他人帮助等。

三、心动行动

（一）活动一：一分钟记忆

1. 活动目的

学生了解自己的记忆水平，并寻找科学的方法进行记忆。

2. 活动内容

观察并记忆以下词组材料一分钟，默写下来，查看正确率。

荷花、灯泡、扑克牌、黑板、松树、香蕉、蛤蟆、寺院、熊猫、秋千、飞机、树、信封、耳环、水桶、唱歌、篮球、香肠、鼻子、气球、天空、飞弹、苹果、小狗、闪电、街道、柳树

3. 你说我说

（1）自己写对了多少单词？记忆水平如何？

（2）怎样才能快速地记住这些词语呢？有什么好的方法分享给大家？

4 学以致用

死记硬背是记忆的笨方法。学会掌握记忆策略，科学合理地记忆，能让学习事半功倍，充分享受到学习的乐趣，从而以更加积极的态度来对待学习，形成良性循环。在接下来的学习中，就请尝试着运用讨论出的记忆策略记忆学过的书本知识吧。

5. 知识驿站

记忆策略一：把重要的材料放在最前面或最后面记。

记忆策略二：将材料进行有意义的加工，赋予它内在逻辑意义。

德国心理学家艾宾浩斯对遗忘现象做了系统的研究，他用无意义的音节作为记忆的材料，把实验数据绘制成一条曲线，这条曲线被称为“艾宾浩斯遗忘曲线”，也称作“艾宾浩斯保持曲线”。曲线表明了遗忘发展的一条规律：遗忘进程是不均衡的，在识记的最初阶段，遗忘很快，以后逐渐缓慢，到了一定的时间，几乎就不再遗忘了，即遗忘的发展是“先快后慢”。遗忘的进程不仅受时间因素的制约，也受其他因素的制约。学生最先遗忘的是没有重要意义的、自己不感兴趣、不需要的材料。

艾宾浩斯遗忘曲线

100

20 minutes = 58.2%

记忆保留比率

1 hour = 44.2%

9 hours = 35.8%

50

1 day = 33.7%

2 days = 27.8%

6 days = 25.4%

31 days = 21.1%

0

时间（天）

（二）活动二：学习“四象限法则”，解决案例中的难题

1. 活动目标

掌握“四象限法则”，合理安排学习生活。

2. 活动内容

阅读案例，用“四象限法则”帮助小李解决时间分配难题。

月底即将举行英语模拟考试，小李打算每天中午都要背半小时的单词。那天小李刚走进校门，便碰到几个隔壁班的好朋友。他们对小李说：“今天吃完午饭，我们一起去图书馆看体育杂志吧，听说新的一期到了。”他刚踏进课室就看到黑板上写着“时政知识竞赛提前两天举行，今天中午 12:20 ～ 13:30，地点在阶梯教室，请勿缺席”。小李这才想起来自己是班级推荐的 5 位参赛选手之一。刚坐到位子上，文学社的社长就跑来对他说，“今天中午 12:30 文学社成员临时需要碰个头，商量一下这周末出去采访的事。”社长刚走，数学老师又走进教室，对同学们说：“今天中午 12:20 集中一下，我再讲解下上节课的作业，大家做错的很多，只有小李等几位同学做得不错。”小李顿时觉得，怎么今天的事情都凑到一起了呢？那么，小李中午的时间到底该如何分配呢？

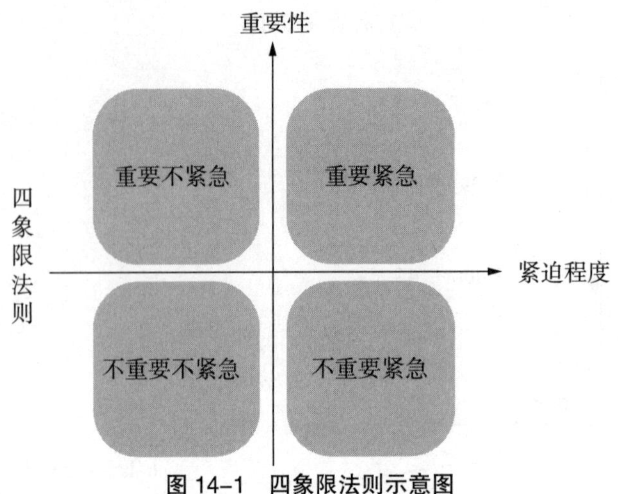

图 14–1　四象限法则示意图

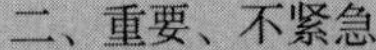

二、重要、不紧急

处理方法：有计划去做。

饱和后果：忙碌但是不盲目。

原则：集中精力处理，投资于第二象限，做好计划，先紧后松。

一、重要、紧急

处理方法：立即去做。

饱和后果：压力无限增大、危机。

原则：越少越好，很多第一象限的事情是因为它们在第二象限时没有被很好的利用。

四、不重要、不紧急

处理方法：尽量别做。

饱和后果：浪费生命。

原则：可当做调节身心，但是一定不能沉溺于这个象限。

三、不重要、紧急

处理方法：交给别人去做。

饱和后果：忙碌且盲目。

原则：放权给别人去做。

图 14–2　四象限法则解读

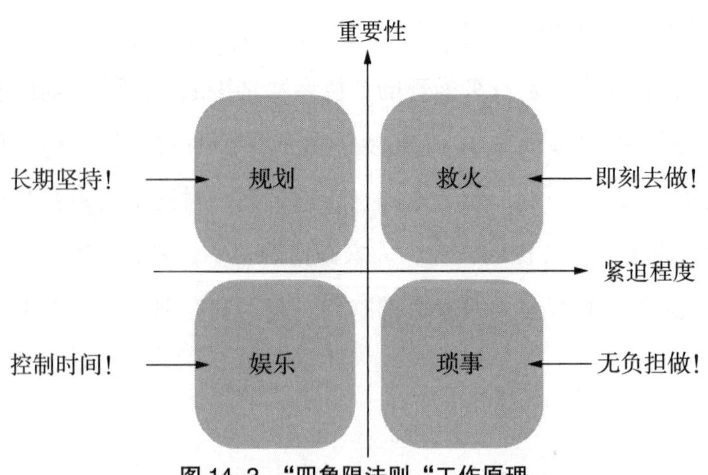

图 14–3　“四象限法则“工作原理

3. 你说我说

（1）小李应该怎样处理眼下的困境呢？你认为他应该最先处理哪一项工作？

（2）什么是“四象限法则”？如何将“四象限法则”应用到实际生活中？

4. 学以致用

“四象限法则”有利于我们进行有效的时间管理。当事情很多很杂的时候，就需要区分轻重缓急，将时间和精力投入到最重要、最紧急的那部分中。根据学习中运用“四象限法则”见图 14–1，图 14–2 和图 14–3，合理安排学习、工作的时间。

四、拓展阅读

笔记学习法

中国现代作家、文学研究家钱钟书，年轻时喜欢读书、热爱学习。有人说，钱钟书记忆力很强，且过目不忘，但他本人却并不认为自己有那么“神”。他曾说，自己只是喜欢读书，肯下功夫，在读书做学问时，他不仅读，还做笔记；不仅读一两遍，有时甚至还会读三四遍，并且在笔记上不断地添补。

钱钟书认为，一个肯学博学的人，在学习读书方面既要做到博览，同时还要学得扎实。他阅读书籍所写的札记，不计其数。

此外，钱钟书还主张在读书和学习中先博后约，由博返约，先广泛涉猎，博览群书，然后再在此基础上提炼吸收，形成自己的知识结构。也正是这种科学的学习方法，使他不仅读的书很多，知识也学得十分扎实，不易遗忘。

1929 年，钱钟书以外语和国文第一名的成绩被清华大学外文系破格录取，其中，英文更是考了满分。随后，他出国深造，获得英国牛津大学艾克赛特学院学士学位。

毕业回国后，钱钟书开始了学术研究。但他的学习习惯依旧没有改变。在他写学术巨著《管锥编》时，所用的资料、记录下的学习笔记足有几麻袋。夫人杨绛说，钱钟书做笔记很费时间。“钟书做一遍笔记的时间，约莫是读这本书的一倍。”但钱钟书却说，边读书边做笔记的方式对他的学习十分有助益。“一本书，第二遍再读，总会发现读第一遍时会有很多疏忽。最精彩的句子，要读几遍之后才发现。”

【阅读思考】

学习与记忆需要寻求合适的方法。从上面的阅读材料可发现，钱钟书先生的学习方法是先博后约，反复阅读，并做好笔记。这些方法对绝大多数人普遍适用，我们需要多多了解名家的学习方法，充分借鉴、取长补短，形成自己的研究方法。

当然，学习方法和策略是需要长期坚持方可发挥最大的效果。钱钟书先生几十年如一日地运用适合的方法进行学习工作，自然有效。

第十五议题　为什么要“活到老，学到老”？

第一节　学习的新要求

攀登科学文化的高峰，就要冲破不利条件限制，利用生活所提供的有利条件，并去创造新的条件。

——高士其

【目标引领】

核心素养：

◎ 政治认同：坚持解放思想、实事求是、与时俱进、求真务实，学会辩证唯物主义和历史唯物主义世界观和方法论。

◎ 职业精神：具有正确的职业理想、良好的职业道德和职业行为，培养科学的精神，提高辩证思维能力，能够根据社会发展的需要和自身的特点进行职业生涯规划。

◎ 健全人格：学会竞争与合作，树立正确职业理想，培养职业兴趣，提高适应社会、应对挫折、求职就业的能力。

三维目标：

◎ 认知：了解社会发展对学习提出的新要求，理解终身学习的必要性。

◎ 情感态度观念：树立终身学习的意识，能够以积极主动的态度投入学习。

◎ 运用：探寻信息化条件下所需要具备的学习能力。

一、案例探索

小杨同学从小喜欢画画，她的理想是成为一名优秀的室内设计师，初中毕业后，她选择进入职校的装饰设计专业学习。在学校里，她在认真学习之余，积极地参与到班级的管理工作中，通过竞选成为班级的团支部书记。3 年的职校生涯，她不仅成绩优秀，还具有了一定的团队组织能力和协作能力。

在校期间，小杨同学每个学期给自己设立一个学习目标。每天再根据自己的实际情况制定一个学习小目标。当一天结束时，她会问自己，我今天的学习任务完成了吗？今天遇到不明白的问题，我及时问老师或同学了吗？于是，一个学期下来，她总是收获满满。

凭借着自己出色的毕业设计方案，小杨同学顺利地在一家设计公司找到了设计师的工作。在踏上工作岗位之后。她依然坚持着自己养成的良好行为习惯，不断地汲取先进的设计理念，在细节上狠下功夫，不断积累经验，突破自我。作为一名新员工，她出色的工作态度、业务能力和团队精神得到了同事和客户的称赞。几年后，她因为业绩突出，获得了总公司“知名室内设计师”的荣誉称号。

七嘴八舌

1. 激励小杨同学积极主动地学习的原因？

2. 小杨同学每天都能按照自己的目标坚持学习，她是怎么做到的？

案例透视

小杨同学具有良好的学习习惯，她不仅在学校里坚持每天学习，还把这种好习惯带到了工作岗位上，在步入工作岗位之后，她仍然在不停的学习。可以说，小杨同学的好成绩是她坚持学习的结果。

1. 坚持学习，把握成功

小杨同学的目标是成为室内设计师，这个行业除了基本功扎实，经验丰富之外，还需要不断地提升设计师本身的工作能力。随着科技的日新月异，社会的就业环境也日益激烈，只有学习能力强的人才能适应。我们要在职场中发挥我们的才能，不仅要学会学习，而且要坚持学习。只有这样才能抓住每一个成功的机会。因此，对于个人而言，坚持学习是成功不可或缺的条件。

2. 选择方法，终身学习

小杨同学在工作之余，充分利用信息时代的技术，借助互联网，查找所需要的信息资源，拓宽知识面，提升自我能力。网络为学生们提供了丰富的学习资源，当进入某个公司，身处某个行业，为了保持自身优势，想成为专业领域的人才，就必须及时自我更新。只有不断地学习新的技能，不断地提升自身的价值，才能增进自己的竞争优势。

二、知识延伸

1. 要找到学习的正确方法。通过多种渠道高效率地学习，扬长避短、戒骄戒躁，不要半途而废。

2. 要树立终身学习的观念。“活到老，学到老”，学习永远不怕晚。

三、心动行动

（一）活动一：想一想，比一比

1. 活动目的

通过对小杨同学案例的思考与比较，增强学生的学习意识，帮助学生树立终身学习的观念。

2. 活动内容

学习上述案例，分小组进行讨论，每组推举一位同学回答问题。

3. 你说我说

（1）小杨同学的人生故事对你有什么样的启发？

（2）如何学习，我们才能适应现今时代的飞速变化？

4. 学以致用

了解终身学习的重要性，对我们来说至关重要。在这个学习时代，无论哪个行业，个人都需要不断提升自己，适应行业的发展需要。只有树立终身学习的意识，积极探求学习的途径，才能提高自己学习的能力。了解了小杨同学的成才之路后，她身上有哪些值得我们学习的地方，把你的感悟写下来。在未来的学习中，亲身验证自己所学到的知识和经验是否有效。

活动小提示：

请同学们仔细思考小杨同学的案例，梳理她的学习成才路径。老师需要引导学生尽多可能地列举如何学习的方法和途径，拓宽同学们的求学思路。

（二）活动二：制定计划

1. 活动目的

帮助学生养成制定计划的好习惯，从而更有效率地学习，避免在学习过程中半途而废。

2. 活动内容

同学们结合自身实际情况，给自己设定一个学习的计划，见表 15-1。要求：结合自己的专业、兴趣，给自己制定一个小目标。请同学、好友、老师或者家长来督促自己完成目标。

表 15-1 学习计划表

日期	知识学习	能力提升	活动锻炼	社会实践	获得奖励

3. 知识驿站

制定了学习计划后，还要坚持计划。心理学家研究发现，人的行为动作坚持 21 天就能形成习惯，坚持 90 天就会形成稳定的习惯。好习惯的培养，除了家长、老师、集体的帮助之外，最主要的还是要依靠学生自身的努力。

4. 心灵透视

坚持做好记录，并督促自己逐渐养成好习惯。记下你要做的事情，并且经常思考。人生要有计划，要有紧迫感，养成好习惯，坚持下去才能变成一生的好习惯。

四、拓展阅读

2017 年度全国“最美中职生”——李炜莹

李炜莹，就读于上海市大众工业学校平面设计专业。班里组织大家参加法律知识竞赛，她第一个举手报名；学校技能节上别人参加一个项目，她参加三个项目；甚至，她在一个月里参加了趣味数学、宪法知识、实用美术、文字录入等十多项比赛，还拿了不少名次。“同学们都很好奇，我怎么能把这些事情都做好。”李炜莹笑着说。

2016 年，学校里的科创团队“F1 in schools”对外招募设计师，李炜莹积极加入。她找到了自己的“最爱”——视频制作。李炜莹在周末自学视频编辑软件，常常是早上坐到电脑前，半夜 12 点才“收工”。视频制作过程中所用的蒙太奇手法，让李炜莹最为着迷。父母见她如此投入，便为她报了一个为期 2 天的学习班，一天学拍摄，一天学剪辑。有了自学的基础，再加上老师的系统讲解，李炜莹豁然开朗。她给社团成员们重新拍摄视频、重新剪辑，最后完成的作品得到了大家的好评。

2017 年暑期，李炜莹参加了“未来杯”上海市高中阶段学生课外活动竞赛微电影大赛，她以 F1 社团的活动经历为蓝本，与伙伴们一块儿完成了作品《1.1 秒的距离》，并最终获得大赛二等奖。在微电影制作过程中，她身兼导演、编剧、主演、摄影、剪辑等多项任务，个人成长又有了新突破。让身边朋友们惊讶的是，李炜莹的课余生活总是排得满满的——背法律知识、背时政知识、准备辩论赛、练习硬笔书法……参加那么多比赛累不累？累，不过有办法调节。李炜莹说，一门课学累了，不要就此躺倒不干，换一门学，也是一种休息。另外，利用好碎片化时间也很重要，比如挤地铁时就可以背单词、背法条、背时政知识。“当别人花费大把时间在那里死磕时，你可能不经意间就掌握了许多知识。”

但有时也需要死磕。李炜莹说，她经常会遇到这样的情况：自己已经忙得焦头烂额了，忽然又来了一件很紧急的事。这时，她需要重新做安排：在规定时间内，把急事先做完，然后继续投入原定的任务中。“今日事今日毕，如果把事情一天天拖下去，那任务都完不成了。”

【阅读思考】

我们要适应不断发展变化的客观世界，就必须把学习从单纯的求知变为生活的方式，每个人都要不断学习，才能符合时代的要求，终生学习所代表的不仅仅是“活到老、学到老”，也是积极地把握人生中每个时间点进行学习并学以致用。

若想在人生有所建树，无论身处哪个岗位、从事哪种行业都不能停下学习的脚步。作为一名中职生，应该清楚地意识到知识的学习已经不仅仅局限于课堂。学习一门专业，就要打下坚实的基础，从而掌握一项技能。技能是我们打开工作大门的钥匙，也是我们今后事业发展的基石。在快速发展的信息时代，学习就是安身立命，开辟自己“新天地”的一把“利器”。只有通过学习来超越自我，人生才会更有意义。

同时，学习需要计划，列出学习安排表，才能更有利于高效持久地学习。学会将碎片化的时间利用起来，这样才能在更短的时间里学习到更多的知识。

第二节　信息时代的终身学习

聪明出于勤奋，天才在于积累。

——华罗庚

【目标引领】

核心素养：

◎ 政治认同：坚持解放思想、实事求是、与时俱进、求真务实，正确看待自然、社会和人生。

◎ 职业精神：能够正确认识和处理社会发展与个人成长的关系，具备理性思维、批判质疑、勇于探究的科学精神，提高辩证思维能力。

◎ 健全人格：具有积极心理品质和自尊自信、理性平和、积极向上的心态；树立正确职业理想，培养职业兴趣；正确认识自我，学会有效学习。

三维目标：

◎ 认知：掌握信息化学习的基本方法。

◎ 情感态度观念：领会信息化学习对于学习的巨大影响。

◎ 运用：将利用信息化技术学习知识与技能运用到实际学习中。

一、案例探索

小杨同学在中职学校学习装饰设计，父母专门给她配了一台电脑。小杨同学开心地发现，电脑不仅可以做练习，还可以搜索到许多课外的知识，能够对学校老师上课的内容进行很好地补充。小杨同学经常利用课余时间查找资料，时间长了，同学们遇到不会的地方都很愿意和她探讨。小杨同学成了班级里的学霸。

工作中，小杨的空闲时间明显减少了，但她仍然保持着学习的好习惯。小杨发现英语口语对工作有一定的帮助，于是决定自学口语。在坐公交车的时候、在排队等待的时候，她都会拿出手机自学。但独自学习是孤独的，没有人对话也很难提高口语水平。于是，小杨在网上结交了也想学口语的朋友，有了学习的伙伴，她们分享交换学习资源，学习心得，成为了志同道合的朋友。在英语口语练习的路上，互相鼓励，互相帮助，就像是回到了学校里一样。很快，小杨的口语能力就有了很大的提高，变得敢说、能说了。

当外国的客户来公司咨询装修方案时，小杨可以用流利的英语口语接待他。小杨不仅向客户介绍了自己的设计方案，还对客户提出的问题进行详细的解答，展示了自己过硬的业务能力，外国客户对小杨的工作非常满意，很快便和公司签订了装修合同，还指定由小杨跟进施工。小杨出色的工作能力得到了老板、同事和客户的一致表扬。

七嘴八舌

1. 作为一名中职生，课堂已经不再是学生的学习场所。在信息化的时代洪流中，我们可以通过什么途径来保持终身学习，如何高效利用时间学习？

2. 在信息时代，怎么样才找到适合自己的学习方向？

案例透视

小杨同学在自己的学习道路上，充分地利用了信息时代的优势，学会了自主学习，并根据自己的需要，选择了适合自己的学习方向。

1. 信息时代学习的特点

信息时代的学习具有自主学习、协作学习、个性化学习和技术支持学习的特点。小杨同学踏入社会后，很快发现在学校课堂的知识已远远不够，自己必须要主动去探究知识，而不是被动地接受知识。在信息时代，需要提高数字化学习能力，抓住学习机会。

2. 信息时代学习的方式

随着互联网基础设施建设的完善，网络上个性化学习的形式越来越丰富，通常我们熟悉的模式有慕课、网上点播课件、图书搜索等，这些网络学习形式都有一个共同的特点，那就是学习者可以自己掌握学习时间，可以在自己状态最好的时候高效学习，也有利于大家利用碎片化的时间进行学习。对于小杨这样的上班族来说，手机、PAD，笔记本让碎片化的学习成为可能。在等车或挤地铁的时间，利用某 APP 背单词、模仿短视频教程将成为未来终身学习的常态。

二、知识延伸

1. 在信息化时代背景下，需要树立终身学习观。学习与我们的生活息息相关，不仅是学校里的教育，停止学习就会被社会淘汰。

2. 在信息化时代的背景下，还需要树立合作的学习观，合作是人类生存的基础，随着信息化时代的来临，合作从线下逐渐发展到线上，合作有利于激发学习活力、提高学习的效率。

3. 在信息化时代背景下，“碎片化学习”成为一种新概念，合理有效地利用空暇时间，可以积少成多，得到意想不到的学习收获。

三、心动行动

（一）活动一：“停课不停学”在线教育

1. 活动目的

利用网络平台使学生在家中也能合理利用时间、充分高效地学习。在学生获取知识的同时，教会学生如何利用网络资源进行自主学习。

2. 活动内容

认真阅读以下链接内容，并完成自我思考：

上海市教委官宣中小学“停课不停学”在线教育从 2020 年 3 月 2 日起实行，立即引来热烈反响。市教委表示，这些课程以电视播放为主，包括有线电视和 IPTV；无法收看电视的学生，可以通过电脑、平板、手机等多种终端听课；教育部门还会在相关网站上提供课程视频下载；听课后，学生可以通过微信、QQ 接受个性化辅导，利用学校网络平台建班级群信息平台，与本校教师互动交流。

3. 你说我说

（1）在疫情期间，同学们都在学校的组织下，“停课不停学”，你在家里是通过什么样的线上方式完成学习的呢？

（2）你喜欢线上学习的方式吗？和传统课堂学习的方式相比，线上学习有什么样的优缺点呢？

4. 学以致用

请同学们列举出在疫情期间你的线上学习方式，见表 15–2。仔细总结这些方法的优点和缺点，和同学们一起分享、讨论，一起来找到自己最喜爱的线上学习途径吧。

表 15-2　线上学习方式列表

线上学习方式、APP	优点	缺点

5. 心灵透视

在这个“最宅假期”里，一场在线学习革命深刻改变了师生学习、工作的方式。“云中课堂”中聚集的不再是真实的师生，而是分布在各个地方的 IP 地址，它将帮助同学们从阶段学习转向终身学习。

（二）活动二：交流讨论

1. 活动目的

通过有效利用网络学习，帮助学生找到适合自己的线上学习方法；培养学生的兴趣爱好和专业能力。

2. 活动内容

每位同学都有自己感兴趣的课外知识，这些知识有的可以培养自身的能力，有的可以提高我们的专业素养，有的可以拓展自己的见识、视野。在保证自己学校课程的前提下，我们可以利用哪些时间，通过什么样的途径从而学到自己感兴趣的知识呢？请大家在交流后讨论，设计一个适合自己线上学习方法。

3. 知识驿站：

在搜索引擎搜索“上海职成教在线”，就会出现面向中职生教学、发布资讯的网站，这里不仅有各所中职校的最新动态，还有大量适合中职学生的网上课程资源，如“易班”（网上中职课堂），以及疫情之后开放的各学科网络课程、专题讲座等等，等待大家的挑选。

活动小提示

对于中职生来说，我们要像海绵一样，努力汲取知识。立足自己的实际，找到符合我们认知的学习内容，抓住学习的机会。我们要利用好自己的课余时间，学习新的知识，开拓自己的视野。

四、拓展阅读

从技校走出的“国宝级”技师

张冬伟，沪东中华造船（集团）有限公司电焊班长，央视《大国工匠》8名主角之一。作为“国宝级”技师，张冬伟为我国LNG船制造工业做出了突出贡献。

技校迈出第一步

张冬伟的焊接技术，属“世界级”，是打造LNG（液化天然气）船的核心技术。LNG船被誉为“海上超级冷冻车”，因其建造难度极高又获称造船业“皇冠上的明珠”。至于建造中最重要的核心技术——液货围护系统的氩弧焊焊接，更是难上加难，能担当者少之又少。张冬伟，脱颖而出，成为其中的佼佼者。

1981年12月出生的他，于初三毕业那年考入沪东中华造船（集团）有限公司所属高级技工学校学习电焊专业。张冬伟在校期间努力练好基本功。技校毕业时，张冬伟以优异成绩被沪东中华造船（集团）有限公司录用。

考取殷瓦焊接证

为了尽快掌握LNG船焊接技术，张冬伟每天要在钢板上练习七八个小时甚至更久。为了做好加丝动作，他在焊接过程中反复练习，寻找添丝的手感。有时在家里吃饭，也拿起筷子在空中比划。凭着一股不服输的韧劲，张冬伟，这个进厂时间最短的焊接骨干，顺利考取了殷瓦G证，令外国考官也啧啧赞叹。

追求总是无止境

张冬伟成了技能高超的焊接人才，能在殷瓦钢板上“绣花”了。他先后荣获2005年度中央企业职业技能大赛焊工比赛铜奖、2006年第二十届中国焊接博览会优秀焊工表演赛一等奖……直至2013年度“全国技术能手”称号，并于2017年荣获“全国五一劳动奖章”。但是，追求总是无止境。

不仅是要操作好，还须研究好。张冬伟在生产过程中非常注重经验的积累、总结，国内没有现成的作业标准，他就不断摸索、总结各类焊接工艺。他先后参与编写了《14万立方米LNG船殷瓦管十字连接件焊接工艺研究》《LNG船殷瓦手工焊自动焊焊接工艺》《端部列板操作指导书及修补工艺》以及《MO2自动焊与MO3凸缘螺柱自动焊产生的主要缺陷和修补方案》等作业指导书，为保证产品质量发挥了积极作用。

【阅读思考】

张冬伟能取得如今的成就与他孜孜不倦的学习有必然的联系。他有明确的学习目标为他领航，强烈的求知欲给予动力，旺盛的学习精力贡献“燃料”，最终才达到了他所期许的高度。

他的事例告诉我们，学校的好坏并不能决定人生的高度，只有自身不断学习，才能实现人生的价值。学校只是提供学习知识的一个平台，而在现代化信息时代，学习的平台多种多样，只要自己愿意学习，哪里都是资源，哪里都有平台。

第六部分

规划生涯　放飞理想

【卷首语】

筑梦、逐梦是青春的底色。时代发展为中职生的职业发展提供了前所未有的机遇和挑战，让我们用自身的坚持，彰显中职生的就业优势，用科学的规划为职业发展定位；让我们用自身的能力，在充满未知的时代中用核心竞争力披荆斩棘，用智慧与汗水书写出彩的人生篇章。

寻找理想像选择一段旅程，
既要有风景绝佳的目的地，
也要有精彩纷呈的沿途风光；
追逐理想像培育一颗种子，
既要坚持不懈地悉心照料，
也要对它的习性了如指掌；
评估理想像在大海中起航，
既要对自身实力做出预判，
也要考察外部环境是否合适；
实践理想像在山洞摸索光亮，
既要有毅然前行的可贵勇气，
也要在碰壁时迅速调整方向；
请详细规划，去放飞理想，
只有沿着既定的轨道行驶，
梦想列车的大门才会向你开敞！

第十六议题 “水滴石穿”给我们怎样的启示？

第一节 培养自信乐观的心态

生活的美妙就在于它的丰富多彩，要使生活变得有趣，就不断地充实它。

——高尔基

【目标引领】

核心素养：

◎ 职业精神：具有积极的劳动态度和良好的劳动习惯，弘扬劳模精神和工匠精神，做出正确价值判断和行为选择，在社会实践中增长才干。

◎ 健全人格：具有积极的心理品质和自尊自信、理智平和、积极向上的心态，能自我调节和情绪管理，做到自立自强、坚韧乐观，提高心理健康水平和职业心理素质。

三维目标：

◎ 认知：了解中职学生的就业优势，理解职业发展过程中可能遇到的心理冲突。

◎ 情感态度观念：增强职业自信心，在逆境中保持积极乐观的态度，学会用积极的心态思考和应对学习和生活中的问题。

◎ 运用：在实际就业与生活中，运用所学知识及时调整心态，乐观面对生活。

一、案例探索

小宋同学是中职学校材料专业的毕业生。在学校就业办的组织下，小宋和同学们一起积极地参加了各个企业的面试。大家纷纷接到了录取电话，但是小宋却没有被任何单位录用。

看着其他同学兴奋的样子，小宋同学感到十分失落，他怎么也想不明白，自己在校期间成绩还可以，是什么原因找不到工作呢？

老师和小宋沟通后，发现小宋在面试前没有充分的准备。小宋既没有了解企业信息，也不清楚岗位要求，在面试官提问时比较紧张，以致回答不出问题。找到原因之后，小宋同学决定要重振旗鼓，克服自身存在的问题。在精心地准备面试后，小宋同学顺利地被一家建筑工程单位录取了。

七嘴八舌

1. 我们的就业岗位有哪些？在就业市场上，我们有哪些优势？

2. 作为一名职校的学生，可以找到专业对口，有发展前景的工作吗？

3. 在应聘工作时，应如何准备才能提高被录取的可能性？

案例透视

1. 增强职业自信心

随着国家的发展，社会对高技能人才的需求日益增加，职校生的就业前景应该说是很好的。我们要树立脚踏实地、从基层做起的职业理念，选择适合自己、利于自身发展的职业。如果遇到像小宋一样的烦恼，要学会用积极的心态应对，可以寻找老师、家长等商量应对方法，全方面获取面试企业的相关信息，充分做好就业准备。

2. 建立就业自信

（1）培养兴趣展示自我

对于小宋来说，就业意味着离开校园，走向社会，这是人生的一次飞跃。因此，从学生时代就要开始建立自己的就业自信。在校期间，可以积极地参加各类活动和比赛，把握展示自己的机会，丰富自己的校园生活，积累实践经验。通过这些比赛，初步培养自己的各项能力。

（2）建立明确的职业规划

可以充分利用课堂向老师了解岗位和行业的信息，也可以利用网络的职业测评问卷，系统地了解自己喜欢的职业类型和工作领域，结合自己所学的专业、个人喜好以及实践经验，研究未来多种职业选择。

二、知识延伸

1. 在正式踏入工作岗位之前，需要进行适当的职业规划。俗话说：“不打无准备的仗”，职业规划有利于我们认清自己的职业兴趣，摆准自己的职业定位，寻找适合自己的工作。

2. 在工作面试之前，要做好充分的准备。要了解应聘单位的基本情况、应聘岗位的基本情况以及评估自己能否胜任这份工作。只有准备充分，才能在面试中沉着应对，取得成功。

三、心动行动

（一）活动一：阅读资料谈感受

1. 活动目的

通过学习材料，使学生做好就业的准备，提高未来学生就业的成功率。

2. 活动内容

阅读以下材料，完成自我思考。

《五个准备助中职生成功就业》

（1）身体的准备

健康的身体是生存的基础，是适应激烈竞争必不可少的“本钱”。

（2）知识的准备

知识的准备不仅指文化基础知识和专业基础知识，还包括应对竞争所必须具备的知识。

（3）信息的准备

信息的准备指学会收集和筛选有关社会科技、经济发展现状及发展趋势的信息，从而分析出人才需求的发展趋势；或从信息分析中发现行业的生命力、产品开发的价值及发展趋势，以此调整求职择业的方向或创业的目标方向。

（4）心理的准备

强硬的心理素质是竞争的精神支柱。良好平和的心态、积极蓬勃的斗志、坚持到底的毅力对竞争有着极其重要的支撑作用。

（5）职业能力的准备

所谓职业能力，即适应社会、融入社会的能力。做好职业能力的准备强调的是从业者在职业活动中对社会的适应性。

3. 你说我说：

（1）上述资料中所列出，中职生在就业前要做的5个准备，你准备得怎么样了？你觉得还有哪些要补充的？

（2）小宋同学在就业时，是因为哪些方面没有准备好而碰壁的？

4. 学以致用：

一个人要顺利就业，到底需要做好哪些准备呢？请总结自己的表现，填写下表16–1。

表16–1 自我就业准备列表

准备的方面	我的表现	改进措施
身体的准备		
知识的准备		
信息的准备		
心理的准备		
职业能力的准备		

活动小提示：

除了上述资料涉及的5个方面之外，大家还可以补充自己认为重要的就业准备。同学们需要提前认清就业形势，做好自身职业生涯规划，及早做好就业准备的人，能在就业机会来临时，最早抓住机会，得到自己心仪的职业岗位。

（二）活动二：情景模拟——××公司面试

1. 活动目的

通过实战模拟训练让学生身临其境感受面试现场，分别从单面和群面两个角度，提前熟悉面试流程，从而能够从容面对真正的面试。

2. 活动内容

××公司打算聘请一位专业技术员，前来面试的共有5位竞争者，分别进行群体面试和单独面试，选出最终获胜的同学。

步骤：

①分组抽签，需要同学分别扮演面试官和应聘者，模拟面试活动；

②第一轮开展群体面试（10分钟），包含自我介绍、无领导小组讨论、总结发言三个环节，由老师和在场学生投票选出表现最佳的两人进入下一轮面试。

③第二轮开展单独面试（每人5分钟），包含自我介绍，企业问答、未来展望三个环节，由老师选出最终获胜者。

④老师总结、点评各位同学在面试中的优劣表现，并总结面试经验。

3. 注意事项

应聘者从面试前的等待开始，进行自我介绍、回答面试官的问题等一系列面试流程，在这一过程中，大家要留心观察参加表演的同学哪些方面做得好，哪些方面需要改进。

4. 知识驿站

求职面试时的建议：准时赴约；要等接见者请你就座时才能按指定位置入座；穿着打扮要稳重大方；个人简历证件或推荐信等必要的材料要带齐；态度要不卑不亢，乐观自信；回答问题时要态度明确，思路清晰。

活动小提示：

面试官在活动前需要准备好面试相关问题，通过问题反应出用人单位对我们的要求，从而让大家有身临其境的感觉，进而发自内心地重视就业准备。另外，通过面试，还可以让大家注意到面试礼仪，这也是面试过程中非常重要的部分。

四、拓展阅读

一技在手成就中职生创业人生

13 年前，罗旋参加中考选择报考中职学校时，只是想着学一门手艺，但如今，他的梦想是办好自己的公司，“职业教育成就了我的人生”。

2007 年，罗旋进入武汉市交通学校汽车维修专业。“入学后，才知道专业老师有‘喷涂枪王’易建红、‘焊接大王’吴新华、‘钣金大师’杨猛，他们都是技能高手。”为了能从老师手上学到过硬的技术，罗旋学习非常刻苦，后来还入选校队备战全国职业院校技能大赛，经历了为期半年的“魔鬼特训”。

“那段时间除了正常上课，课余时间基本上都在跟红外线烤灯、喷枪、油漆打交道，室内温度很高，没有空调，每天训练下来身上没有一处是干的。”2009 年，罗旋获得全国职业院校技能大赛汽车喷漆一等奖，这项大赛被称作职校学生的“奥林匹克”，含金量十足。2010 年，罗旋中职毕业，选择进入武汉职业技术学院深造。

毕业后，罗旋到一家中介公司做二手车服务。凭借对汽车专业知识的精通，他第一个月就拿到了 1 万元的奖金。“当时有点得意忘形，结果第二个月一分钱没有拿到。”看到工资单上大大的“0”，罗旋很受刺激，工作更加努力。此后，罗旋的业绩一直名列前茅，也积累了一定的客户资源。2015年，罗旋自主创业，成立了一家二手车服务公司，在业内逐渐闯出一番名堂。

“尽管没有走上技术路线，但当初在学校学到的技能对现在的事业帮助很大。

前几天有个客户想卖一辆大众CC，外观很漂亮，说是原版原漆，没有碰撞。但我发现这辆车驾驶位B柱有补过漆的痕迹，打磨腻子不平整，跟原厂漆有一定区别。客户一开始还不承认发生过事故，我说我是做油漆出身的，钣金、汽修都学过，他不得不承认了。”

“中职生的未来同样可以很精彩，班上同学有的成了企业首席技术专家，有的当上汽车4S店主管，有的在学校教书育人，我的个性更适合自主创业。职业教育让我在社会中有了更多机会，也成就了我的人生。”罗旋对自己的未来充满信心。

【阅读思考】

要重视在学校中专业技能的学习。在每个阶段需要做在那个阶段应该做的事，在校期间，应该认真完成各项课业，拓展并提升自己的专业技能，为以后走向工作岗位打下坚实的理论基础。

要做好职业规划，选择适合自己的职业，自己喜爱的职业。只有这样，我们才能享受到工作带来的乐趣并为此奋斗，形成良性循环。

第二节　找到职业成功的奥秘

一年之计，莫如树谷；十年之计，莫如树木；终身之计，莫如树人。

——管子

【目标引领】

核心素养：

◎ 职业精神：培养科学精神，提高辩证思维能力，能够根据社会发展需要和自身特点进行职业生涯规划，在实践中养成良好职业行为习惯。

◎ 健全人格：正确对待自我、他人和社会，调控情绪，提高适应社会、应对挫折、求职就业的能力。

三维目标：

◎ 认知：理解持续专注在职业生涯发展中的意义。

◎ 情感态度观念：明确职业生涯规划贵在坚持，难在坚持，成在坚持，认可实现职业目标的关键在于坚持与专注。

◎ 运用：掌握应对职业发展中心理冲突的方法，找到持续专注目标的方法，提高职业生涯规划执行力。

一、案例探索

小宋同学从职校毕业以后，在学校的推荐下进入省建筑公司实习。虽然公司离家很远，但好在专业对口。小宋成为了一名整理合同和分析报表的行政人员。从“学校人”转变为“职业人”，小宋有许多的不适应。办公室里没有了以前的好朋友不说，小宋经常会对着电脑忙碌一整天，因为业务不熟，效率也提不上去，身体上还出现了胃出血的症状。小宋感到沮丧极了。

班主任和同学知道了小宋的情况之后，都打电话关心和鼓励他。在大家的建议下，小宋改变了自己的工作方法，碰到困难，他会积极地向办公室的同事请教，热情主动地配合同事的工作，很快得到了领导和同事的表扬，成为了公司的正式员工。

小宋在工作中，逐渐认识到了自己的许多不足，如果要在行业有所发展，就要提升自己的业务能力，争取成为一名独当一面的人才。于是小宋一边工作一边参加了自学考试，在取得相关学历后，参加了国家一级建造师的考试。同时，小宋还向公司提出申请，要到外省市参与项目实施，在实践中积累经验。

七嘴八舌

1. 小宋在刚步入工作时遇到的问题是什么，又是怎样解决的？

2. 在进入新的环境，没有朋友，不适应工作节奏的情况下，你会怎么做？

案例透视

1. 拥有坚持、专注的工作态度

小宋在刚开始工作时，感到很不如意，很快，他就坚定了自己的工作方向，并专注地投入到工作中。专注于工作能给人内心稳定而强大的力量，专注于自己的工作，专注于自我从“学校人”到“职业人”的身份的转变，学会总结工作中出现的问题，才能更快地融入新的环境。

2. 积极面对各种考验

在职业生涯发展中，各种自我冲突都要积极面对。坚定目标可以指引未来成长的方向，所以要坚定自己的目标，做到有所取舍。中职学生需要树立正确的职业价值观念，保持良好的心态，拥有乐观、积极向上的处世态度，形成良好的职业素养。

3. 做好职业生涯规划

职业生涯规划管理是对未来的职业生活进行协调和控制，通过制定计划实现职业目标。当小宋刚入职离家很远的公司时也觉得很辛苦，他的工作中也遇到了很多不满意的地方。通过积极的心理调整，他慢慢适应了工作的节奏，也坚定了自己在建筑行业的决心。小宋不断积累自己的工作经验，很好地处理了与同事的关系，从而拥有良好的发展环境；在工作之余提高自己的学历，考取了职业资格证书，让自己成为公司的人才，成为了一名真正的“职业人”。

二、知识延伸

1. 在进入工作岗位前要做好职业生涯规划，有利于增强就业的目的性与计划性，并提升职业对口的专业素养和综合能力。

2. 面对工作困难或挫折时，要更加坚定自己信心，勇敢面对，积极寻求科学有效的处理方法，锻炼自己坚毅的意志。

3. 从“学校人”转变为“职业人”之初，会有各种不适应。这时应当积极与朋友、家人倾诉，排解忧郁，寻求解决方法。调整自己的心态，乐观应对职业生活。

三、心动行动

（一）活动一：阅读资料，探讨问题

1. 活动目的

通过阅读寿宇捷同学的案例，懂得坚持在职业生活中的重要性，并能在实际生活中将坚持贯彻下去。

2. 活动内容

阅读资料，组织小组讨论并发言。

“是金子一定会闪光”真正的强者总会脱颖而出。上海市公用事业学校的寿宇捷同学已经第二次参加“星光计划”大赛了。那时，计算机并不是寿宇捷的强项，他也清楚地知道，凭借当时那点微不足道的知识，要想获得好成绩，就必须付出更多的努力和坚持。辛苦的训练和一次次的失败，让他学会了什么叫做坚持。“在通往成功的道路上，难免会有挫折与坎坷。面对困难，要做的并不是自暴自弃，亦不是感叹命运的不公，而是不断坚持，不断努力，即使坚持的道路是如此的漫长、是那么的崎岖，“星光”将会是心中的“长明灯”，照亮着我们的梦想，告诫着我们，永远不要轻言放弃。”凭借着老师的指导与自身的努力，“星光计划”比赛后，寿宇捷最终获得三等奖。

3. 你说我说

（1）从上述资料中，你在寿宇捷同学的身上看到了哪些闪光之处？

（2）你了解学校的比赛和各类与职业有关的活动吗？你参加过哪些？对你有什么样的收获？

4. 学以致用

同学们，你所在的学校中的，校园文化生活一定是丰富多彩的。大家可以从学校团委、老师、同学那里了解校园活动内容，参与其中，写下你在参与过程中的感悟和收获。

表 16-2　校园活动参与情况

活动项目	参与情况	我的收获
加入一个学生社团		
发展一项兴趣爱好		
参加一次竞赛竞技		
参与一项志愿服务		
展示一项才艺特长		

活动提示：

校园生活应该是多姿多彩的，只要时间允许，我们都可以报名参加。我们通过比赛和活动，锻炼自己的意志品质，展现自己的精神风貌，不断提升自己的人文修养和道德品质，全面展示自己的职业技能和综合素养。

（二）活动二：学习他人优秀职业生涯规划

1. 活动目的

通过阅读优秀职业规划的范例，可以使学生吸取经验，做好自己的职业规划，应对未来的职业生活。

2. 活动内容

学习样例，拟定自己的职业规划。

这是中职学校设计专业的小韩同学为自己设计的职业生涯规划，主要选取的是她在自己的职校阶段为自己设计的目标。

表 16-3　职业生涯规划范例

类别	目标	措施
职业技能证书	计算机初级证	已获得
	AutoCAD 初级证	已获得
	托业桥英语	每天背高考考纲词汇 做英语语法的练习，重点是不懂的地方向老师请教 跟着老师的学习方法，做试卷
职业技能证书	设计师初级证	多绘画平面布置图 在老师布置每次制图作业时，认真对待并注重细节标准 当老师点评我的图纸时，要做到下次更正或做到更佳
	BIM 初级证	跟着老师学好每节课的实操 课下自己多练习快速掌握操作步骤
荣誉	上海市一等奖奖学金 校优秀毕业生 上海市三好学生	保持优异成绩 积极参与学校、市级各项活动
个人提升空间	开阔视野 拓宽自己的创新思维 将自己绘画水平精益求精 了解时代的进步与发展，关注时事新闻	多看设计方面课外的知识 创意性绘图方面学着多看多想，挖掘自我创造力，自己创作并且具有说服力 学习之余，了解国内及国际时事新闻
	锻炼自我交际能力	积极参加集体类活动，在活动中表达自己想法，同时也具备团队精神 在众多的场合学会自信地表达

请根据小韩同学的规划，结合自己所学的专业和实际情况，给自己制定一个中职阶段的目标。

表 16-4　中职阶段目标规划表

类别	目标	措施

3. 知识驿站

同学们，设立目标的过程中，要按照自己所学专业的要求，结合自身实际情况；要看清“现在的我”，更要着眼发展，看到“将来的我”，让自己朝着预定的方向发展，不断提升个人能力，成为合格的劳动者，时代的“弄潮儿”。

4. 心灵透视

作为中职生，每位学生都希望成为祖国需要的高素质劳动者，那么要做好职业生涯规划，以积极的心态应对职场中的困难与挑战，主动适应职业岗位需要，发挥才能，做出贡献，意识到职业生涯贵在坚持、难在坚持、成在坚持。

活动小提示：

认真阅读范例，完成目标规划表所制定的阶段规划需要的符合目标，需立足自我，符合实际。

四、拓展阅读

风雨中，这点痛算什么

8 月 27 日，在俄罗斯喀山，第 45 届世界技能大赛闭幕式上，一声声“China”响彻会场。当车身修理项目冠军选手徐澳门冲上领奖台的时候，一时间倾盆大雨汹涌而来！领奖台上，徐澳门挥舞着五星红旗，欢呼着、怒吼着。

4 年多的训练，4 年多的汗水，1000 多个日日夜夜积攒下来的情绪，都在那一刻尽情释放了出来。走到第 45 届世界技能大赛的领奖台，徐澳门并不是一帆风顺。

刚刚加入学校集训队的时候，徐澳门每天的训练内容只有一个，就是要把一块表面都是褶皱的铁皮敲得非常平整。徐澳门说，千万不要小看了这一个小小的铁皮，它需要选手熟练掌握很多技能和技巧。如果解决了这个问题，敲击的基本功就会非常扎实，以后不管敲什么，都会融会贯通，手到擒来。在后来的训练中，徐澳门发现，有了基本功，操作东西会越来越顺畅，越来越得心应手。

“想要做得更好，走得更远，就需要放弃很多现在喜欢的东西，需要非常自律。”徐澳门每天早上都比其他同学先到训练基地，去做好各项准备工作。每次训练结束，也一定会把工位打扫得干干净净。平时训练，专家和教练们不可能每时每刻都在身边指导，无论是训练的工作量、训练的质量，还是对待训练的态度，徐澳门能做到和教练在的时候一样。其实，世界技能大赛比的不仅是职业技能，还有职业素养。所谓匠人匠心，就是不停止对精益求精的追求，不断实现自我超越的过程。

徐澳门说，只有着眼于出精品，用最高标准努力追求卓越，勇于登高望远，突破创新，才能在实际工作中不断做出成绩，一步一个脚印地实现人生理想。“金牌对于我来说，只是一个高的起点，在未来，我将把感恩之心化作行动，重新起步，开启新的职业生涯。”

徐澳门说，自己也会把世界技能大赛执著追求、克难奋进、精益求精、追求完美的工匠精神，带到新的工作岗位上，踏实走好“技能成才，技能报国”的每一步，为中国制造献出自己的一份力量！

在中华民族伟大复兴的道路上，需要新生力量的加入。徐澳门表示，身为青年技能人，自己将责无旁贷。

【阅读思考】

如果要在职业生涯中拥有优势，就要磨练好自己的技能。机会是留给有准备的人的，只有职业生活开始之前就夯实基础，提升专业素养，才能在工作中遇到问题时不慌乱，不紧张，在关键时刻展现自己。

在职业生活中，要学会从容面对工作的压力和焦虑。通过换位思考，向身边人倾诉等方法，调节自身情绪，合理发泄，化压力为动力；要不断学习，努力提升自己，自身实力增强了，才能在工作中得到重视。这是减缓焦虑和压力最有效的方法。

第十七议题　怎样通过评价促进职业生涯发展？

第一节　画出职业发展的坐标

一个年轻人，如果三年的时间里，没有任何想法，他这一生，就基本这个样子，没有多大改变了。

——马云

【目标引领】

核心素养：

◎ 政治认同：自觉培育和践行社会主义核心价值观，坚定中国特色社会主义道路自信、理论自信、制度自信、文化自信，立志为中国特色社会主义事业而奋斗。

◎ 职业精神：弘扬劳模精神和工匠精神，能够正确认识和处理社会发展与个人成长的关系，并做出正确价值判断和行为选择，在社会实践中增长才干。

◎ 健全人格：能正确对待自我、他人和社会，调控情绪，处理好个人与他人、个人与社会的关系；树立正确职业理想，提高适应社会、应对挫折、求职就业的能力。

三维目标：

◎ 认知：了解职业生涯发展评价要素，理解国家需要和奉献社会是评价职业生涯规划的最高标准。

◎ 情感态度观念：认同科学评价职业生涯规划的重要性。

◎ 运用：能够从个人所处的时代和社会环境思考和评价自身的职业发展道路。

一、案例探索

升学还是就业？

小鑫是中职校模具制造技术专业学生，在校期间对摄影和影视制作产生了浓厚的兴趣，利用课余时间积极参加学生电视台的活动，并担任学生电视台台长，立志要通过三校生考试升入高职院校，转入影视制作专业学习，但小鑫的想法被家人否定了。父母认为影视制作专业学习费用太高，今后的发展前景不确定，考虑到家庭经济条件欠佳，希望小鑫能够务实一点，学好模具专业知识，毕业后到爸爸打工的模具厂上班。为此，小鑫很苦恼，他找到班主任，说出了自己的纠结：如果听从父母的建议，自己会感觉遗憾、不甘心，但是能够给家里减轻负担，而且风险较低，可以积累工作经验。在工作时，还可以节省几年时间；如果选择升学，学习影视后期制作专业，自己对这个专业的发展前景不够了解，又担心以后的就业形势不够乐观。

七嘴八舌

1. 小鑫内心纠结的关键是什么？

2. 小鑫对目前所读专业应该有怎样的认识和思考？

3. 如果你是小鑫，你会怎样选择？

案例透视

小鑫遇到的“升学还是就业”问题是很多中职生都会遇到的两难选择，这种两难本质上是中职生对梦想执着追求的渴望与对未来不确定性的担忧，两种情绪交织在一起，让刚刚成年的中职生在面临初次职业选择时百感交集。

如何应对初次职业选择时的两难呢？一方面，中职生要明白每个人的职业生涯规划都要综合考量自身兴趣、性格、能力、家庭等方面的因素及国家宏观经济形势和专业所对应行业的发展动态，有些专业甚至要考虑国际经济整体形势；另一方面，要明确“国家需要和奉献社会”是评价职业生涯规划的最高标准。每个人的发展只有与国家和社会需要有机结合才能更好地找准时代定位，让职业生涯乘势起飞！

案例中的小鑫在进行职业规划时考虑了自己的兴趣、家人的期待，但由于他对影视行业的发展形势缺乏了解，对国家发展的宏观形势也不了解，导致他在选择时患得患失。

二、知识延伸

1. 面对升学还是就业的问题，首先要明确自己真正想要的是什么，在对自身有清晰定位的前提下，再思考何去何从。

2. 若想要升学，就需要明确所选专业，了解就业前景，不能只凭一时冲动而缺乏认真学习下去的动力，一旦选择继续走进校园，就要对自己的选择负责，以寻求未来更好的就业发展。

3. 若选择就业，就要从现在起进行职业规划，补充专业知识，提高职业素养，为进入职场做准备。同时，要树立终身学习理念，积极谋求职业上的更高发展。

三、心动行动

（一）活动一：行业动态大搜索

1. 活动目的

通过该案例，分析电影行业的就业前景，学生能够寻找自己未来想要选择的行业发展前途。这对学生“升学还是就业”的困境可以提供一定帮助。

2. 活动内容

阅读以下资料并回答问题。

2019 年 12 月 30 日《中国经济时报》公众号发表了《专访北京电影学院国家电影智库办公室主任、研究员刘正山》的报道。

（1）《中国经济时报》：你对影视行业下一阶段发展趋势有何判断？

刘正山：从中长期发展趋势来看，中国影视产业面临利好。一是通过中国电影(14.540, –0.36, –2.42%) 产业指数这个综合评价体系分析，2015 年以来，中国电影产业处于“跃升”阶段；二是从电影产业发达国家的经验来看，人均 GDP 在 8000–10000 美元左右，电影产业开始步入稳步上升的通道。而今中国的人均 GDP 即将达到 1 万美元，基于国际的经验，中国的电影产业将步入稳步发展的新黄金时代；三是中国发展处于新阶段，社会主要矛盾转化为人民日益增长的美好生活需要和不平衡不充分的发展之间的矛盾。新的阶段，文化服务业将逐渐成为支柱产业，对影视行业是利好。

（2）《中国经济时报》：下一阶段影视行业发展面临哪些机遇和挑战？

刘正山：我国是人口大国，影视消费市场巨大。从政策上看，2019 年中央深改委发布《关于深化影视业综合改革促进我国影视业健康发展的意见》，各地也不断出台促进影视产业发展的政策，这不仅有助于提振行业发展的信心，也将为行业的大发展提供新的机遇。

影视行业发展面临的主要挑战，一是影视生产仍然存在小作坊化、经验化的特点，亟须打造一批“思想精深、艺术精湛、制作精良”的主流电影作品，让中国电影成为“文化名片”，在国际上树立良好中国形象；二是电影人才储备不足，能在剧组里从事“摄美录服道化”的制作人才，以及在电影后期阶段可以从事电影特效、声音制作、剪辑调色，甚至字幕翻译、包装宣发的人才，也就是能够适应电影的工业大发展、适应电影国际化竞争的电影工业人才严重不足，而现影视教育体系不能满足这一日益增长的人才需求。

活动小提示：

了解专业对应行业的发展动态对规划职业生涯至关重要，但初次就业的中职生由于缺乏职业经验，对行业发展动态所知甚少，在面临选择时容易不知所措。同学们在平时一定要增强意识，借助有效途径和资源，主动融入社会，了解行业。

3. 你说我说

（1）从上述资料中可以看出，近年来我国影视后期制作行业发展的整体态势如何？国家对该行业的政策支持如何？

（2）小鑫如果选择升学，且转入影视后期制作专业，他在职业准备与选择过程中应该注意什么？

4. 学以致用

请同学们结合自身所学专业所对应的行业，参照上述资料分析思路，搜集专业所对应行业发展动态资料，了解专业所对应行业发展宏观形势，完成下表 17–1。

表 17–1　行业发展趋势预测

项目	内容
所学专业名称	
专业相关证书	
对应岗位名称	
对应岗位任职要求	
薪资待遇	
纵向职业晋升方向	

5. 心灵透视

职业规划需要务实，不能凭空想象，需要立足国家发展趋势和社会需要，查阅相关资料，了解相关领域现况和发展前景，分析自身性格与能力，在此基础上进行细致地规划。如果确定方向，就要坚定而有效地按照目标执行。当计划和现实不一致时，就需要不断地调整职业规划计划以适应现实中的职业走向，及时总结计划中未考虑到的问题，不断完善计划，使自己的能力得到更好的发挥。

（二）活动二：职业发展坐标画一画

1. 活动目的

学会绘制职业发展坐标，全面考虑影响职业发展的各大因素，在实际职业规划过程中更加全面公正地看待职业发展问题。

2. 活动内容

根据下列职业坐标知识的讲解，绘制自己的职业发展坐标。

每个人的职业发展受到多方面因素的影响。总体而言，可以分为外部环境和自身因素，借助职业发展坐标轴，可以帮助大家更好地进行职业因素分析，做出合理的职业选择。

纵轴：外部环境因素，包括国家宏观经济形势、区域经济动态、行业发展动态等，根据你对外部环境因素的了解程度及外部环境因素对自身职业发展的利好程度进行 1 ~ 10 评分，并将结果标记在纵轴上。

横轴：自身相关因素，包括自身兴趣、性格、能力、价值观、家庭经济条件、家人期待、家庭人际资源等，根据自己在做职业选择时对上述因素的考虑比重进行 1 ~ 10 分单项评分，将结果标记在横轴上。

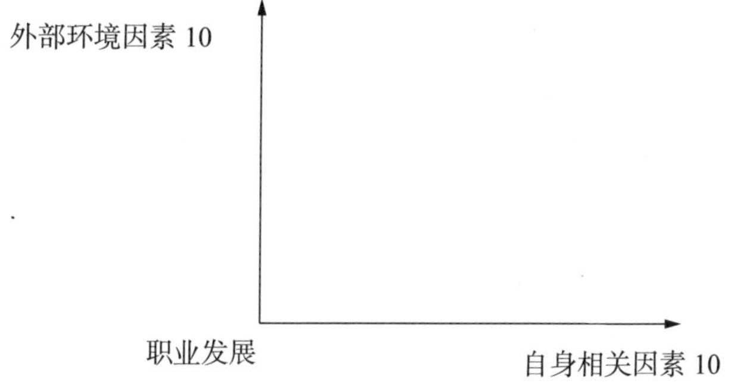

同学们可以根据自己的情况画出自己的职业坐标系，横轴上各因素对应的分数与纵轴分数所围成的矩形面积越大，就说明职业选择时考虑的因素越充分、越合理。

活动小提示：

通过绘制职业发展坐标，了解进行职业选择时需综合考虑各方面因素，需要注意的是国家和社会宏观经济形势。

四、拓展阅读

钟南山：八十四岁的抗疫逆行者

1月18日，星期六，84岁的中国工程院院士钟南山接到赶往武汉的紧急通知。时值春节前夕，忙碌了一年的人们陆续踏上回家的路。当天去武汉的航班已无机票，火车票也非常紧张。颇费周折，钟南山才挤上了傍晚5点多从广州南开往武汉的高铁。走得非常匆忙，他甚至没有准备羽绒服，只穿了一件咖啡色格子西装。

上车无座，他被安排在餐车一角。当天，钟南山在餐车小憩的照片在朋友圈里刷屏：满脸倦容，眉头紧锁，闭目养神，身前是一摞翻看的文件……

这一天，武汉市卫生健康委员会通报，新增59例新型冠状病毒感染的肺炎确诊病例。

“没什么特殊情况，不要去武汉。”钟南山提醒公众的同时，却选择了逆行。“肯定的，有人传人现象。”1月20日，作为国家卫生健康委员会高级别专家组组长，钟南山在关键时刻发出的“预警”，为控制疫情在全国范围内的蔓延赢得先机。

自挂帅出征以来，钟南山始终冲在前线，始终如铁人般拼命：4天内奔走武汉、北京、广州三地，长时间科研、开会、远程会诊、接受媒体采访，甚至在飞机上研究治疗方案……

夫人既生气又心疼：“能不能让他多睡一会儿？”但她非常了解丈夫，知道劝也劝不住，因为丈夫太在乎自己的病人了。

有人曾这样评价钟南山：既有国士的担当，又有战士的勇猛。他回应得最多的一句话是：“我不过是一个看病的大夫。”

看到疫情防控难度增加，他变得容易落泪、伤感。冷冰冰的疫情通报数据背后是一个个鲜活的生命和家庭，他心疼他们。

每次在媒体面前发声，他似乎带来更多坏消息，但当所有人都害怕时，他又用专业知识给大家足够的信心和安全感。

在抗击疫情的战斗中，钟南山用自己的行动，诠释了医者仁心、学者大义。广大网友用朴素的言语回应对敢医敢言的钟南山的信任：“几时才动？钟南山说动才动！”

【阅读思考】

钟南山老院士在疫情危急关头大义凛然，用自己的专业与良知将疫情中“最美逆行者”的风采演绎得淋漓尽致，他是无双国士，是我们学习的职业楷模。

在我们的职业生涯中，我们也应当学习钟南山院士鞠躬尽瘁的精神，坚守劳动岗位，始终将人民的利益放在首位，爱岗敬业，热爱祖国，在自己的职业岗位上奉献光和热。

第二节　学会职业评价的方法

人生最终的价值在于觉醒和思考的能力，而不只在于生存。

——亚里斯多德

【目标引领】

核心素养：

◎ 职业精神：具有正确的职业理想，科学的职业观念，充分认识劳动没有高低贵贱之分，能够正确认识和处理社会发展与个人成长的关系，根据社会发展需要和自身特点进行职业生涯规划。

◎ 健全人格：正确对待自我、他人和社会，处理好个人与他人、社会的关系，确立符合社会需要和自身实际的积极生活目标，培养责任感和创新精神。

三维目标：

◎ 认知：掌握进行职业生涯规划评价的途径和形式。

◎ 情感态度观念：感受职业生涯规划评价对自身成长的促进作用。

◎ 运用：从案例分析中思考、提炼评价和调整自身职业规划的注意事项。

一、案例探索

功夫不负有心人

为了帮助小鑫更好地规划职业生涯，班主任建议小鑫设计一份职业生涯规划作品参加全国“文明风采”竞赛活动。小鑫经过周密思考，给自己设计了一份职业生涯规划。他详细了解了影视后期制作行业的发展动态，做了比较全面的行业调研，并请教了专业老师和行业师傅，确定十年内的职业目标是成为影视后期制作专业人士，近期目标是完成中专阶段的学习后通过三校生高考进入高职学习影视后期制作专业，考取专业资格证书，毕业后进入影视后期制作行业。

为了促进班级同学通过职业生涯规划评价活动来进一步思考自身职业生涯发展路径，班主任组织全班同学对小鑫的作品从长远目标设定和阶段性目标划分的合理性、措施的有效性等方面进行评价，帮助小鑫更好地完善了作品。功夫不负有心人！小鑫这份集结了班级集体智慧的作品被评为“优秀”。

七嘴八舌

1. 小鑫为了设计自己的职业生涯规划作品做了哪些准备？

2. 班主任为什么要组织全班同学对小鑫的作品进行评价呢？

案例透视

对职业生涯规划进行有效合理的评价是规划职业生涯的重要步骤。通过评价，借助集体的力量，有助于进一步完善规划，督促落实规划；有助于进一步提高自己的能力，更好地寻梦、追梦。

案例中班主任很好地运用评价的方法帮助小鑫完善规划，考察了小鑫职业规划的可行性、发展目标与发展条件是否匹配等，这有利于小鑫对自己的职业规划有更加清晰的认知，使他在未来的发展中更加游刃有余。同时，班级其他同学在帮助小鑫进行评价的时候，也从侧面认识到评价环节在整个职业生涯规划过程中的重要作用，并学习如何进行职业评价，从而重新审视和完善自己的职业规划。

二、知识延伸

1. 一般来说，评价职业规划的方法主要有两个：一是按职业生涯规划的设计过程顺序，即：发展条件、目标、台阶、措施这四个环节，审视各环节是否合理，可操作性如何，思考目标的依据和可行性；二是重点检查短期目标与发展条件的适配度，以及实现近期目标的可能性及可操作性。

2. 评价职业生涯规划的形式主要有三个，分别是自我评价、集体评价和教师评价。三种评价相结合，才能使职业生涯规划评价发挥最大功用。

三、心动行动

（一）活动一：谁的规划更合理？

1. 活动目的

促使学生能够意识到合理规划职业生涯的重要性，在评价他人职业规划的过程中学会调整自己的规划内容，使之更加合理。

2. 活动内容

对比两位同学的职业生涯规划，做出客观公正的评价。以下是两位同学的职业生涯规划：

小军的职业生涯规划
· 长远目标：想当一名数控高级技师 · 阶段目标： 中专阶段：好好学习，成为德智体全面发展的好学生。 大学阶段：考取数控高级工证书。 工作阶段：好好工作，成为一名数控高级技师。

<table>
<tr><th colspan="3">小文的职业生涯规划</th></tr>
<tr><th>总目标</th><th>阶段划分</th><th>阶段目标</th></tr>
<tr><td rowspan="10">做一名拥有操作多种机床和机床修理能力的高级技师。</td><td rowspan="5">中专阶段</td><td>一年级：学好文化基础知识，考取普通话等证书，积极参加各种校园活动，全面提升自我。</td></tr>
<tr><td>二年级：参加技能大赛，进一步提升自我。</td></tr>
<tr><td>三年级：提升专业水平，准备高复。</td></tr>
<tr><td>四年级：全力高复，考取大学。</td></tr>
<tr><td>其他目标：考取数控四级证书；提升英语、计算机水平；熟练 CAD/CAM、UG、ProE 等软件，并考取相关证书。</td></tr>
<tr><td rowspan="2">大学进修阶段</td><td>学好文化基础知识，进一步提升数控专业技能；同时考取电工中级证书；提升英语、计算机水平。</td></tr>
<tr><td>找一家公司实习或做兼职。</td></tr>
<tr><td rowspan="3">工作阶段</td><td>第一年：熟悉并适应工作环境，为今后的工作打下基础。熟悉各种现有工件，了解制造的各种实际情况。</td></tr>
<tr><td>第二年至第五年：在工作之余，通过业余培训考出机床修理证书，并累积自己的实际操作经验，考出高级技工证书。</td></tr>
<tr><td>第五年至第十年：在之前的几年中已经累积了一定的工作经验，在单位中也有了一定的基础，从而完成最终目标；成为一名拥有数控操作及机床维修能力的高级技师。</td></tr>
</table>

活动小提示：

在评价他人的作品中体会职业评价的途径和方法，通过评估自身职业生涯规划，将方法用到实处，促进自身职业生涯规划的完善与落实。

3. 你说我说

（1）小文和小军的职业生涯规划作品哪个更合理？为什么？

（2）对比小文和小军的职业生涯规划作品，你有什么样的感悟？

4. 学以致用

请结合小鑫的故事和所学知识，对自己的职业生涯规划进行评价管理，完成下

表 17–2。

表 17–2　自我职业生涯规划评价表

我的职业发展长远目标			
阶段目标	相应举措	可操作性评分（1 ~ 10 分）	改进意见

5. 知识驿站

要想做好合理的职业生涯规划，首先要对自己有清晰的认知，对自身的兴趣、能力、性格等诸多方面进行剖析和考量，明确自身的优势与劣势，从而确定合适的职业目标，进行合理的职业选择；其次，要对就业环境进行深入了解和评估，了解就业形势和行业发展状况，充分掌握有利条件和不利条件，趋利避害，使自己的未来得到更好的发展。

（二）活动二：完善职业生涯规划评价地图

1. 活动目的

促使学生掌握评价职业生涯规划的方法与形式，并能够有效实施自我评价和对他人的评价。

2. 活动内容

结合本节所学知识，向老师请教，与同学讨论，完善职业生涯规划评价地图，见图 17–1。

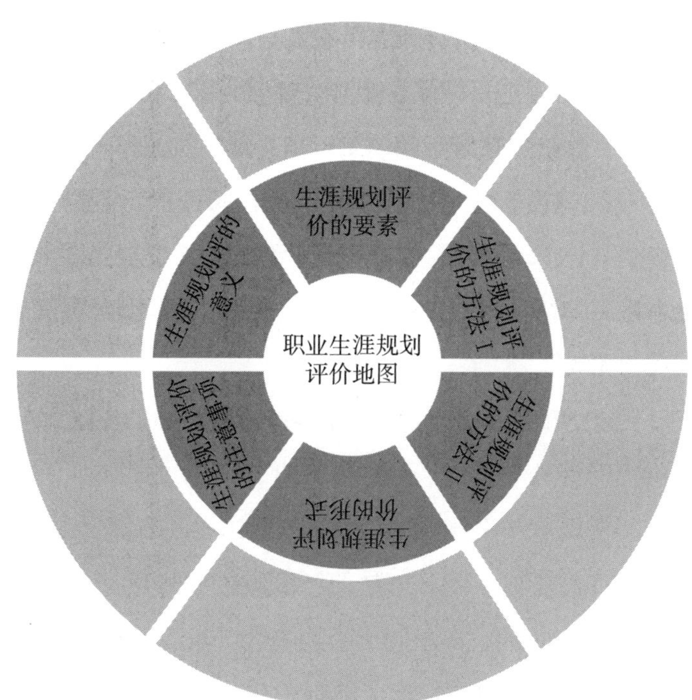

图 17-1　职业生涯规划评价地图

活动小提示：

通过职业生涯规划评价地图系统掌握进行职业生涯规划评价的方法与形式，重点思考和总结评价过程中的注意事项。

四、拓展阅读

秦毅："80 后焊痴"勇摘"造船皇冠上的明珠"

秦毅，是沪东中华造船（集团）有限公司最年轻的焊接高级技师、专家型人才、全国技术能手和劳动模范。

成功缘于"焊痴"的勤奋和毅力

从一名普通的技校生成长为一名高级技师和全国技术能手，秦毅的焊技有目共睹。人们说他是极有焊接天赋的"天才"，殊不知，成功缘于"焊痴"的勤奋和毅力。

1998 年 9 月，技校毕业的他怀着献身造船事业的憧憬，与焊接结下了不解之缘。进厂两个月后，他被推荐参加公司焊工集训队，在上海市高级焊工比赛中取得好成绩，年仅 18 岁就破格成为焊接高级工。2000 年，秦毅再次参加集训，吃饭时经常拿着筷子模仿焊条在空中比划，"焊痴"因此得名。

2001年1月，秦毅在中国船舶工业集团公司焊接比赛中勇夺第一名，收获了“中国船舶工业集团公司技术能手”称号。2001年4月，秦毅参加第五届“工程建设杯”全国焊接大赛，获得“仰板对接焊”单项第一的好成绩。2002年，参加第六届“工程建设杯”全国焊接大赛，夺得了中央企业组第一名，成为公司最年轻的全国技术能手。

“中国小个子，了不起！”

载誉归来的秦毅，加倍发奋，投身于被喻为“造船皇冠上的明珠”的LNG液化天然气船建造的“攻关大战”。

2001年3月，他被抽调出来参与LNG船模拟分段核心部位殷瓦薄膜内胆的焊接。在法国专家的指导下，历时5个月，秦毅与同事们一起出色完成了LNG船模拟舱的建造任务，并一举获得法国GTT公司的权威认证。法国专家非常喜欢这个态度认真、技术精湛的小伙子，常对大家说：“秦，好样的！我真想把他打包带回国”。

2004年，公司选派秦毅到日本三井造船学习殷瓦焊接。重任在肩的秦毅顾不上去领略异国他乡的风土人情，全身心地投入学习，仅用4周就一举通过了法国GTT公司的权威认证，获得殷瓦焊接G证证书，日本专家都对秦毅翘起大拇指，“中国小个子，了不起！”

殷瓦焊工的总教头

回国后，年仅24岁的秦毅成了公司培训殷瓦焊工的总教头。他根据自己的学习心得，编制了合理的培训方案。在他的精心指导下，公司第一批参加培训的14名焊工仅用了两个半月的时间就完成了所有培训项目，100%考试合格。几年来，他先后为公司培训殷瓦焊工160余名，为公司LNG船的成功建造提供了技术保障。

【阅读思考】

美好的规划是人生发展的指引，但是再完美的规划也需要踏实努力的态度和日拱一卒的坚持去实践，将人生蓝图变为现实。秦毅刚从技校毕业时，满怀对未来职业的憧憬，对未来作出了发展规划，但他并没有仅仅停留在规划阶段，而是在实际职业生涯中不断学习，刻苦钻研，不断调整自己的目标以适应现实发展，从而取得了辉煌成就。

因此，我们制定好职业生涯规划之后，不能仅仅止步于计划阶段，必须将之付诸实践，并在实践过程中持续结合国家社会环境变化，结合自身发展愿景，不断修正，不断完善，砥砺前行，终有所获。

第十八议题　为什么职业生涯规划要“与时俱进”？

第一节　做好职业发展的 Plan B

社会犹如一条船，每人都要有掌舵的准备。

——易卜生

【目标引领】

核心素养：

◎ 职业精神：培育中职学生的职业精神，树立正确职业理想和职业观念；弘扬劳模精神和工匠精神，具备理性思维、批判质疑、勇于探究的科学精神。

◎ 健全人格：学会竞争与合作，树立正确职业理想，培养职业兴趣，提高适应社会、应对挫折、求职就业的能力。

三维目标：

◎ 认知：理解调整职业生涯规划的必要性。

◎ 情感态度观念：认识到“计划赶不上变化”，做好调整职业生涯发展规划的准备。

◎ 运用：通过“头脑风暴”找出职业生涯发展过程中可能遇到的突发情况，并学会制定相应的应对措施。

一、案例探索

计划赶不上变化

有了明确的职业规划和定位，小鑫的中专生涯过得忙碌而充实。他除了参加模具专业的学习和实训外，还积极参与学生电视台的活动；四年级跟岗实习时选择到传媒公司工作，忙碌的工作之余，他还抽出时间积极备考，顺利考上了某高职学院的传媒专业，一切都按照小鑫的规划有序推进。

天有不测风云。2019 年底一场突如其来的新冠肺炎疫情让小鑫的规划无法如期实现。小鑫的父亲因为接受腰椎间盘突出手术在家休养，正好赶上疫情，已经半年没有上班。小鑫父亲所在的模具企业效益大受影响，父亲的工作岌岌可危，家庭收入损失一大半，小鑫升学后的学费将是家庭很大的负担。本想着实习工资可以补贴部分大学生活费，但由于疫情无法到岗实习，这个想法也泡汤了。

本来踌躇满志的小鑫，再次陷入两难抉择，但此时的小鑫经历了几年的学习与岗位的历练，不再慌乱无措。经过了几天的思考之后，他主动跟父母提出放弃升学，先到原来实习的传媒公司工作，积累一定工作经验和经济基础后，再报考夜大提升学历。父母看到懂事的小鑫，心中有愧疚与不舍，但更多是为小鑫的成熟与理性感到欣慰。

七嘴八舌

1. 遭遇“计划赶不上变化”的小鑫给自己做出的备选方案是什么？

2. 小鑫的遭遇和选择对你进行职业生涯规划有什么启示？

案例透视

正所谓“计划赶不上变化”，像小鑫这样的情况在生活中并不少见。小鑫职业规划中的不确定因素，就是疫情的暴发使家庭经济状况受到冲击，致使家庭经济不能够支持自己升学的计划。这时，小鑫就选择了职业生涯规划的备选方案，从容地应对了“不测风云”。

职业生涯规划的目的就是要用科学合理的规划来对抗这种不确定性因素，所以要将这种不确定性因素纳入规划之中，结合自己的知识、经验来对不确定性进行最大程度的预测与应对，多方面提升能力，从而将生活中的不确定性带来的影响降到最低。

二、知识延伸

1. 由于社会环境、家庭环境，以及自身因素等诸多条件的制约，有时候，我们制定的计划并不能完全如自己所想顺利进行。为了能使自己更加从容地面对未来的变数，需要思考究竟可能会有哪些变化在前方等待着自己，针对这些变化又该如何应对？

2. 职业发展中可能存在的变化：行业经济滑坡、家庭变故、自己的能力未能达到预期目标等。

3. 应对方法：升学与就业的可能性都应考虑到，如果毕业之后选择就业，那么就要进行多种岗位的挑选，多家企业的选择。平时应该多作积累，以充分的准备来迎接每个人生选择的分岔口。

三、心动行动

（一）活动一：出谋划策

1. 活动目的

让学生认识到制定职业生涯规划备选方案的重要性。

2. 活动内容

阅读案例，讨论小伟面临的困境和可能的备选方案。

小伟是某中职校眼视光与配镜专业学生，家住青浦郊区。在校期间，完成了专业学习任务，考取了验光员初级、中级证书、眼镜定配工初级和钟表维修初级证书。课余，小伟特别痴迷 cosplay，经常参加动漫展，加入网上动漫团体，自学素描，绘制的动漫形象惟妙惟肖；此外，他还自己尝试设计和制作动漫道具，为团队设计、制作的动漫大赛参赛作品获得了最佳创意奖。

中专毕业后，小伟通过三校生考试升入高职，被第二志愿——机电一体化专业录取。小伟对这一专业不是很感兴趣，在校期间除了完成学习任务就是投身动漫领域，组建了自己的动漫团队，自己设计、绘制动漫人物的能力更加突出；还学习了摄影和化妆。由于小伟设计制作的 cosplay 道具非常逼真，所以很多淘宝店老板都会联系他，请他帮忙做道具。动漫展期间他的业务非常繁忙，收入也十分可观。

临近毕业，家里替小伟找到了一份大型国企的工作，离家近、稳定、福利待遇不错，小伟虽然不是特别中意这份工作，但是考虑到自己没有工作经验，还是决定先做两年再说。由于疫情影响，本来是确定的事情却由于企业订单锐减而迟迟无法兑现，小伟必须重新规划自己的职业生涯……

活动小提示：

所谓职业发展的 Plan B，关键是能力的储备。在校期间兴趣的培养与能力的提升至关重要，在自己喜欢的领域大展身手，让它能够成为你潜在的职业方向，为未来多种选择。

3. 你说我说

（1）小伟职业规划路上的“不测风云”是什么？

（2）小伟的备选职业选择还可以有哪些？你的依据是什么？小伟需要补充的条件是什么？

表 18-1 案例小伟的职业备选方案

备选方案	依据	尚待补充的条件
1.		
2.		
3.		
……		

4. 学以致用

同学们，请根据小伟的经历，对比自身，看看自己有哪些兴趣爱好，分析这些爱好对自身哪些方面的能力有积极的影响，这些能力能为自己将来的职业发展提供哪些帮助。

表 18-2 个人职业发展助力预估

兴趣爱好	能力因素
1.	
2.	
3.	
……	

5. 心灵透视

有人说，既然职业生涯规划中有那么多不确定性因素，那么，进行职业生涯规划还有意义吗？答案当然是肯定的。因为在大多数情况下，人们都可以按照既定的规划向前走。只要自己愿意努力，不断学习，不断提升自己，就能够达到自己的目标。不受自己主观控制的意外情况确实存在，但几率很小。准备备选方案只是为了预防这种低概率事件的发生，当意外事件真的发生时，不至于自乱阵脚，无所适从。备选方案只是防患于未然，我们不能将这些不确定因素看作无力对待的事，反而更应该发挥主观能动性，合理规划，积极应对。

（二）活动二：头脑风暴

1. 活动目的

学生了解未来职业生涯中可能出现的问题，提前做好心理准备，规划好应对措施。

2. 活动内容

同学们讨论并写下职业生涯发展过程中可能遇到的突发情况和应对措施。

表 18–3　个人职业生涯发展过程中可能遇到的困境

可能遇到的突发情况	应对措施 / 能力准备

活动小提示：

每个人的职业生涯都会面临来自各方面的不确定性，发挥集体智慧，提前预判可能遇到的突发情况，并做好预案准备，让自己在职业之路上更有底气。

四、拓展阅读

感动中国，无臂钢琴师——刘伟

“我的人生中只有两条路，要么赶紧死，要么精彩地活着！活着就值得庆祝！”这句深入人心的人生感悟被广为传颂，其中传达出的坚韧不拔、积极乐观的精神感动了全世界。它出于一个有着不幸命运却依然乐观坚强的中国男孩之口，他就是感动了亿万人的无臂钢琴师——刘伟！

1987 年出生的刘伟，小时候梦想成为一名职业足球运动员。他最欣赏的球队是巴西，但偶像是哥伦比亚的“金毛狮王”巴尔德拉马，因为他够狂野。可这梦想在他 10 岁的一天终止了！那天他同往常一样和小伙伴们出去玩耍，在爬墙时却不幸触碰到了裸露的高压电线。事后，他虽然脱离了生命危险，却被告知将永远失去双臂。他的脑子一片空白。度过了生不如死的整整三个月。但在康复中心两年的日子里，看到了许多病友的生生死死。小刘伟仿佛明白了自己能活下来是多么值得庆幸的事，他发誓一定要坚强起来。他说：“只要你能迈出你的第一步，迈出自己，你就成功了。”12 岁的他进入了北京残疾人游泳队，并在两年后全国残疾人游泳锦标赛上获得了两金一银。正当他满怀信心备战 2008 年北京残奥会的到来时，万万没想到又一个巨大的不幸降临在这个原本已经残缺的身体上，他患上过敏性紫癜，他必须放弃训练，否则将危及生命。他陷入深深的迷茫，此时的他多么渴望找寻到一个新的方向。绝不低头的刘伟选择再一次重头开始，再一次向命运挑战。在刘伟看来，很多事情努力去做了可能什么也得不到，但不努力去做肯定什么都得不到！在无数的挫折和不停的摸索中，刘伟用脚弹钢琴的水平有了大幅度的提升，这让刘伟异常的兴奋。2010 年 8 月，刘伟登上了《中国达人秀》的舞台，他获得了成功，毫无悬念的登上“达人秀”冠军的宝座！

“我从来没有把我当什么特殊群体，我觉得我跟别人没有任何不一样，我只觉得你们用手做的事情，我用脚做。只是换了一种方式而已，没有不一样。”刘伟感人的事迹使他成为了感动中国十大人物之一。感动中国主委会给予了刘伟这样的颁奖辞：当命运的绳索无情地缚住双臂，当别人的目光叹息生命的悲哀，他依然固执的为梦想插上翅膀，用双脚在琴键上写下：相信自己。那变幻的旋律，正是他努力飞翔的轨迹。

【阅读思考】

刘伟的人生经历了多次挫折起伏，但他不断用自己惊人的毅力和异于常人的努力逆转逆境。刘伟的例子可谓是“职业发展突发情况”中较为极端的情况了。尽管在这样极端的条件下，刘伟也完成满分的职业发展答卷。虽然他也有过意志消沉的时期，但每次都没有放弃自己，不断用乐观的心态和坚韧不拔的意志力与命运对抗，最终感动了无数人。与他相比，即使我们在未来职业发展中遭受挫折，都不能算很困难的问题，所以我们更不能一蹶不振，自我放弃，而是要积极寻找别的出路，相信自己总会将人生活得有价值。

第二节　探寻人生出彩的机会

我们不仅仅要自己有梦想，你还应该用自己的梦想去感染和影响别人，因为成功者一定是用自己的梦想去点燃别人的梦想，是时刻播种梦想的人。

——李彦宏

【目标引领】

核心素养：

◎ 职业精神：正确认识和处理社会发展与个人成长的关系，充分认识劳动没有高低贵贱之分，任何一份职业都很光荣，做出正确价值判断和行为选择。

◎ 健全人格：正确对待自我、他人和社会，具有积极心理品质和自尊自信、积极向上的心态，确立符合社会需要和自身实际的积极生活目标。

三维目标：

◎ 认知：理解职业生涯规划要“与时俱进”。

◎ 情感态度观念：增强与时俱进、顺势而为的人生智慧与格局，努力追逐出彩人生。

◎ 运用：掌握职业生涯规划调整的时机，用科学有效的方法不断完善自己的职业生涯规划。

一、案例探索

用汗水浇注出彩人生路

由于疫情影响，小鑫无法到原来的传媒公司实习。但为了给家里增加收入，疫情缓解后，小鑫跟随亲戚到了工地上打临时工。每天从早上 6 点就开始上班，晚上 6 点下班，工作内容是名副其实的“搬砖”。就这样，小鑫坚持了 2 个月。企业复工后，小鑫回到了原来的传媒公司入职。目前，小鑫已经从学校毕业，成为了传媒公司一名正式员工。回想在工地“搬砖”的生活，小鑫说：“虽然很辛苦，但是很磨练人，现在不管多辛苦的工作我都不怕。虽然与大学梦擦肩而过，但是我会通过自己的努力去实现自己的梦想。”

七嘴八舌

（1）小鑫身上有哪些值得我们中职生学习的优秀品质？

（2）关于职业选择，小鑫的故事给我们怎样的启发？

案例透视

“条条大道通罗马。”我们所生活的时代是一个充满着不确定性的时代，但也是一个拥有无限可能的时代。科技的发展日新月异，很多新事物、新观念正以超越我们认知的速度和深度在影响和改变着我们的生活，这就是我们所处的时代，充满机遇，充满希望，又充满竞争！通过自身努力奋斗，不虚度光阴，瞄准目标致力于提升自己的核心竞争力，生活总会给予我们应有的馈赠。

小鑫的故事发生在很多中职生身上，他们从校门走进社会之后，不断努力拼搏，在工作岗位上兢兢业业，靠业余时间提升自己的学历，逐渐让自己跻身职业精英行列，这样的人生不失五彩斑斓的色彩。

二、知识延伸

未来职业发展变化的特点：

1. 职业的教育含量增大。现如今的各种岗位，都需要受过良好教育、掌握精湛专业技术的人才，单纯的体力劳动或机械操作职业将不断减少。

2. 职业要求多样化。因工作的综合性提高，对一些职业有了新的多样化要求。

3. 永久性职业减少。就业形势愈加严峻的形势下永久性工作必然减少。

三、心动行动

（一）活动一：认识“VUCA 时代”

1. 活动目的

学生认识目前就业形势呈现不稳定、不断变化的特征，学会沉着应对这种变化。

2. 活动内容

阅读下面资料，说说“VUCA 时代”的特征。

VUCA 是指“不稳定 (volatile)”“不确定 (uncertain)”“复杂 (complex)” 和“模糊 "(ambiguous)”的状态。这一概念最早是美军在 20 世纪 90 年代，用来描述冷战结束后的越发不稳定的、不确定的、复杂、模棱两可和多边的世界。随后，“VUCA”被战略性商业领袖用来描述已成为“新常态”的、混乱的和快速变化的商业环境。

当下，“VUCA 时代”已成为越来越多职场人士所共识的“新常态”，背后是大家对于职场核心竞争力的共识。这场由技术领域开端的变革正以前所未有的深度改变着我们所生活的世界和每个人的生活。如果变革不可避免，那就勇敢面对，勇立时代潮头，从把握时代脉搏开始！

活动小提示：

直观感受快速变化的VUCA时代，把握时代脉搏，思考VUCA时代给我们提供的机遇和挑战，以充足的准备直面时代竞争。

3. 你说我说

（1）“VUCA时代”的特征是什么？请举例说明。

（2）中职生该如何在“VUCA时代”中获得更好的职业发展？

4. 学以致用

同学们，请扫描二维码观看视频，感受“VUCA时代”的“变”与“不变”，并思考：“VUCA时代”将给我们的自我成长和职业发展提供哪些机遇和挑战？将思考所得写下来，见表18-4。

表18-4　“VUCA时代”下的机遇与挑战

机遇	挑战

（二）活动二：打造自己的高光时刻

1. 活动目的

学生对未来职业发展产生兴趣，对未来职业方向有初步的判定。

2. 活动内容

“人生高光时刻的打造之旅”。生活中我们总在追求巅峰时刻、高光瞬间，当你们走上职场开启自己的职业生涯时，自己的兴趣爱好和工作成绩就是成就我们人生高度的垫脚石。接下来，就让我们开启一段人生高光时刻的打造之旅。

第一步：请在纸上写下自己最感兴趣的三件事。

第二步：请在纸上写下自己最想从事的三个岗位。

第三步：在前两步的选项中再次选择，确定符合自己兴趣和能力的最理想的职业选择。

第四步：请在纸上写下自己目标领域内权威的公开刊物或网站的名称（最好有截图）。

第五步：现在，你正是这个刊物或网站本期的封面人物。请展开想象，给自己绘制一份封面人物画像，并设想你被列为封面人物的卓越事件。

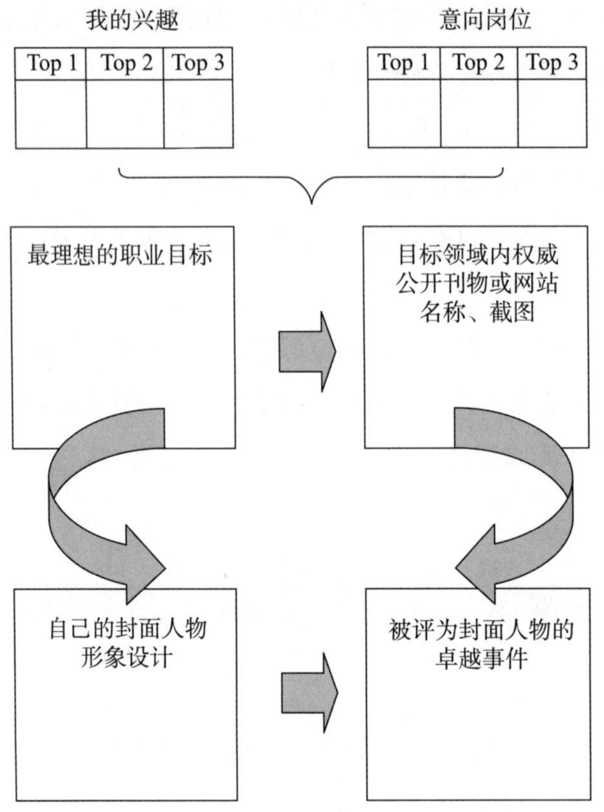

5. 知识驿站

霍兰德职业兴趣理论是美国著名心理学教授、职业指导专家约翰·霍兰德（John Holland）于1959提出的。他认为人的人格类型、兴趣与职业密切相关。兴趣是进行职业活动的巨大动力，它可以提高人们的积极性，促使人们积极地、愉快地从事该职业。霍兰德认为，职业兴趣与人格之间存在很高的相关性。人格可分为现实型、研究型、艺术型、社会型、企业型和常规型六种类型，这六种类型分别对应着一定种类的工作。通过测试，可以得到被测试者的人格类型，从而推断出被测试者适合的职业类型。

活动小提示：

直达内心深处自己最渴望的成长需求，指引自己在职业发展的实践中勇往直前，不断追梦前行。

四、拓展阅读

花儿与少年　技能与人生
——第 45 届世界技能大赛花艺冠军选手陆亦炜

陆亦炜，第 45 届世界技能大赛花艺项目选手。他笃信：自古人生于世，须有一技之能。我辈即务斯业，便当专心用功。

阳光少年，走进花花世界

“我今年 18 岁，来自上海市浦东新区。自 2018 年初刚接触花艺。”陆亦炜说，家里三代人都是从事建筑业，研究市政工程类专业，从小耳濡目染的便是各式各样的建筑、桥梁、街道。自己初中偷懒贪玩，想考上上海的市重点是没啥希望了，最终在再三权衡下，选择了上海市城市建设工程学校，学习风景园林专业。听说上海选手在第 44 届世界技能大赛上获得了第一块金牌，就来自花艺项目的一个高高帅帅的男生。抱着也去尝试体验一下的心态，陆亦炜慢慢琢磨起了这个耐人寻味的艺术了。

失败不是结束，是更好的开始

既然选定了前行的路，就要无怨无悔地走下去。在花艺项目技能上，陆亦炜开始了追赶前辈的脚步。他们一次就成功的花束，陆亦炜做不好就练三遍、四遍、五遍，练到左手抽筋也是甩甩手接着干，一遍遍画着草图，一遍遍构思着新的作品。努力的效果立竿见影，陆亦炜渐渐的跟上了前辈的脚步，对整个项目有了更全面的认知。花艺项目有和大部分项目不一样的地方，在于除了努力和基本功外，还需要更加宽广的知识面和艺术储备。陆亦炜说，因为自己在各个艺术等领域都有比较扎实的基本功和素养，这让自己比其他选手更有竞争力。努力进取是自己接下来的冲刺方向，陆亦炜说，自己当时的目标就是：向着最终的选拔昂首走去。

愈战愈强，奋力一搏

越是胆战心惊，越会有更多的失误出现，越是害怕失败，就越会面临困难。陆亦炜说，反而是抱着一种天不怕地不怕的心态，来面对最终选拔，才会让自己更加自信而坚强。从上海到北京亦创参加最终选拔，3 个选手都肩负着希望和信念，而自己却出了奇的有种莫名的活力。心态上的转变，也影响了陆亦炜手工技能、灵感上的爆发，在随后的比拼中，陆亦炜一路高歌猛进，继续保持自己高昂的斗志。终于，陆亦炜争取到了正选的资格，可以有幸登上俄罗斯喀山第 45 届世界技能大赛的舞台，闪耀中国花艺项目选手的光辉。

鏖战世赛，一举夺魁

在俄罗斯喀山举办的第45届世界技能大赛为期4天，可谓一波三折。直到比赛当天，主办方才公布试题，这让陆亦炜和整个团队都提心吊胆。比赛中，每天的比赛试题都充满了神秘感而又不乏新鲜感，陆亦炜每天都期待着，接下来会给到自己什么样的俄罗斯特色材料。在随后两天时间里，陆亦炜抱着永不放弃、永不服输的心态，就算面对未知的材料、多变的题目，他依旧初心不变，保持自己最好的状态。直到最后一刻，陆亦炜做完了所有9个项目的作品。他的作品独具特色的中国东方艺术之美，震撼了不少人的心，最终站上了世界的舞台。陆亦炜说，夺牌就如同在圆形跑道奔跑一般，既没有起点，也没有终点，但自己愿意在这个基础上，继续帮助团队培养更具潜力的选手，分享自己的世赛经验。在今后，自己将会不断沉淀，继续绽放出属于自己且独一无二的人生光芒!

【阅读思考】

陆亦炜所取得的成就与他对这份职业的浓厚兴趣有着密不可分的联系。可以说，他是在兴趣的驱动下选择了专业，选择了参加比赛，并一步步迈向成功。我们对职业的选择同样可以用兴趣作为驱动力，这种驱动力最为强大也最为持久，可以激发我们的潜能，使自己达到意想不到的高度。

参考文献

[1] 国家主席习近平发表二〇二〇新年贺词 . 中华人民共和国中央人民政府网 [EB/OL]. http://www.xinhuanet.com/politics/2019-12/31/c_1125410025.htm.

[2] 于志晶等 . 中国制造 2025 与技术技能人才培养 [J]. 深圳：职业技术教育 ,2015(21): 10-24.

[3] 国务院 . 关于加快发展现代职业教育的决定 [Z].2014-06.

[4] 教育部发展规划司 . 中国制造 2025, 我国制造强国建设的宏伟蓝图 [EB/OL]. (2015-05-19).http://news.fjsen.com/2015-05/19/content_16107655.htm.

[5] 曹雨平 . 如何应对“中国制造 2025”[N]. 中国教育报 ,2015-07-16(11).

[6] 乐安 , 滕悦然 , 黄根艺著 , 向《西游记》学管理 [M]. 深圳：海天出版社 , 2008.

[7] 边西同 . 乔哈里咨询窗视角下的师生沟通 [J]. 现代教育科学 ,2014(04):71-72+28.

[8] 陈家麟 . 学校心理卫生学 [M]. 北京：教育科学出版社 ,1997(07).

[9] 申继亮 . 心理健康教育教程 [M]. 北京：教育科学出版社 ,2004,9.

[10] 徐晓虹 . 少年心事：青少年性健康教育读本 [M]. 宁波：宁波出版社 ,2004,9.

[11] 卢家楣 , 孙俊才 , 刘伟 . 诱发负性情绪时人际情绪调节与个体情绪调节的影响 [J]. 心理学报 ,2008,40(12):1258-1265.

[12] 王雅春 . 曹华 . 青少年同伴关系的作用及影响因素分析 [J]. 长春师范学院学报 (人文社会科学版),2010,(01).

[13] 董振华 . 中专心理辅导活动课中情景教学的研究和探索 [J]. 中国职业技术教育 .2007(07).

[14] 赵富才 , 周君倩 . 学生情绪管理团体辅导活动的设计与实施 [J]. 中国健康心理学杂志 ,2009(11):12-15.

[15] 蒋乃平 . 职业生涯规划 [M]. 北京：高等教育出版社 ,2019.34-59.

[16] 王琪 . 学生职业素养测评手册 [M]. 北京：高等教育出版社 ,2014.30-45.

[17] 俞国良 . 中职“心理健康与职业生涯”课程标准的解析与建议 [J]. 教育科学研究 ,2020(01):73-79.

[18] 蒋淑雯 , 李晓凡 . 职业生涯规划活动课学生手册 [J]. 中国教育科学 ,2018.27-46.

[19] 蒋乃平，杜爱玲．职业生涯规划教学设计选 [J]. 中国教育科学，2013.68–102.

[20] 陆玉梅，马建富，郑晓梅．财经商贸类中职生职业核心素养的培育路径 [J]. 职教论坛，2019(12):161–165.

[21] 俞国良，李天然．试论心理健康框架下的生涯教育——以中职“心理健康与职业生涯”课程标准编制为例 [J]. 中国教育科学，2019,2(04):87–93.

[22] 李学勤．十三经注疏·春秋穀梁传注疏 [M]. 北京：北京大学出版社．1999.

[23] 方彦寿．“程门立雪”的文献考察 [J]. 合肥：合肥学院学报，2012,29(01):14–18.

[24] 王勇．蔡元培与许德珩的师生情 [J]. 文史精华，1996(06):41.

[25] 叶一舵．中小学团体心理辅导活动 350 例 [M]. 福建：福建教育出版社，2018.

[26] 明飞龙．乔丹的眼泪 [J]. 春风．意林，2004,(8):45.

[27] 中国网《毒品常识》[EB/OL]. http://www.china.com.cn/law/zhuanti/yldp/2007–06/02/content_8332091.htm.

[28] 联合国艾滋病规划署.2011 年中国艾滋病疫情估计 [J]. 中国艾滋病性病，2012, 18(01):1–5.

[29] 刘儒德．为了明天更美好——延迟满足 [J]. 中国教师，2006(02):54–55.

[30] 公安部公布打击跨境赌博犯罪十起典型案例 [EB/OL]. http://legal.people.com.cn/n1/2020/0622/c42510–31755893.html.

[31] 牟建红．网络暴力游戏对青少年暴力行为的影响 [J]. 兰州：甘肃警察职业学院学报．2008 (01).

[32] 李同吉，徐朔．中职生学习动机、学习策略自我调节和归因风格特点研究 [J]. 职业技术教育，2009,(01).

[33] 陈丹辉．职业学校学生学习特点研究 [M]. 北京：气象出版社，2006:23–39.

[34] 庞维国．自主学习——学与教的原理和策略 [M]. 上海：华东师范大学出版社，2003:279.

[35] 任培强．什么时候都不要放弃学习．上海职教在线 [EB/OL]. https://www.shedu.net.cn/shedu_new/data/shouye/201841794048_116.html.

[36] 王静芳．中职学生学习能力提高策略研究 [D] 河北：河北科技师范学院，2014.

[37] 常文明．论中职生学习能力的培养 [J]. 现代职业教育，2020,(05).

[38] 徐小云．学习心理视角下的中职生学习能力提升策略研究 [J]. 科学大众，2018,(05).

[39] 司有和．杰出中学生的 14 种能力 [J]. 中华活页文选（初一版）,2010,(C1).

[40] 路立 , 刘电芝 . 近年来学习策略的研究进展综述 [J]. 心理学进展 ,2015,(05).

[41] 周静 . 论提高中职生学习效率的策略和方法 [J]. 科教导刊 (电子版),2015,(15).

[42] 庞维国 . 论学生的自主学习 [J]. 华东师范大学学报 (教育科学版),2001,(02).

[43] 魏雯 . 钱钟书的读书笔记 [J]. 文学少年 ,2016,(16).

[44] 孙未冉 . 艾宾浩斯遗忘曲线在学习中的应用 [J]. 科学大众 (科学教育),2018,(10).

[45] 吴振雄 . 试析信息化条件下促进学生自主学习的创新教学模式的尝试与研究 [J]. 学周刊 .2020(03).

[46] 余胜泉 . "互联网 +" 时代的未来教育 [J]. 人民教育 .2018(01).

[47] 蒋淑雯 , 李晓凡 . 职业生涯规划活动课学生手册 [M]. 北京：高等教育出版社 .2016.

[48] 陈晓雯 . 职业生涯规划在大学生就业指导工作中的作用解析 [J]. 文化创新比较研究 .2019(32).

[49] 甄志勇 . 在高校开展挫折教育的研究与实践 [J]. 思想政治教育研究 .2014(06).

[50] 中华人民共和国教育部制定 . 中等职业学校思想政治课程标准 (2020 年版)[M]. 北京：高等教育出版社 ,2020.

[51] 金树人著 . 生涯咨询与辅导 [M]. 北京：高等教育出版社 ,2007.

[52] 杨敏毅、鞠瑞利著 . 学校团体心理游戏教程与案例 [M]. 上海：上海科学普及出版社 ,2006.

[53] 哈佛商业评论 .VUCA 时代 , 想要成功 , 这些原则你一定得明白 [J]. 哈佛商业评论增刊 .2018.